「ならず者」が学校を変える

場を活かした学校づくりのすすめ

武井敦史

教育開発研究所

目次

はじめに　12

第Ⅰ部　解題 introduction

Ⅰ-1　学校という場所……16

学校という場所　16
舞台の変容　17
「場」と学校づくり　18

Ⅰ-2　学校がヤバイ……20

縮小社会という脅威　20
縮小社会の希望　22

危機感を原動力にする学校教育　23
危機感というエネルギー　26

I—3　足下にある希望……28
足下にある希望　28
偶然を使う　29
セレンディピティ　34

I—4　土の中には宝が埋まっている……37
「運のいい人」と「計画化された偶然性」　37
幸運なアクシデント　39
学校は偶然の宝庫　40
教育改革の動向と「創発性」　41

I—5　「場」とは……46
「場」の裾野　46
「場」とは　48

場の能動性 49
場の暗在性 51
場の身体性 52
場の複層性 54
場と日常 55
I―6 場のパラドクス……57
場のパラドクス 57
カルティベイト感覚 61
I―7 なぜ「ならず者」か……65
なぜ「ならず者」か 65
「ならず者」リーダー 67
第II部 足がかり food for action
II―1 場を活かす術……72

場を活かすのが得意な教員　72
場を活かす術　74
Ⅱ―2　「野生の思考」で切りぬけろ……77
ブリコラージュ　77
組み合わせで切りぬける　79
迂回路で切りぬける　80
ダブルスタンダードで切りぬける　83
代替技術で切りぬける　85
マニュアル思考の罠　86
Ⅱ―3　七輪の法則……88
「七輪の法則」とは　88
学校組織の改善と「七輪の法則」　90
小中一貫教育のヒント　92
Ⅱ―4　枯れ草は肥料になる……95

校内研究の成功率は１００％　95
挑戦に消極的になる　97
活動がやめられなくなる　98
枯れ草は肥料になる　100

Ⅱ－5　不ぞろいのチームが強い……103

「基準化」を志向する教員育成　103
「足下」に視線が集まりやすいスタンダード　105
「チームつぶぞろ」と「チームふぞろ」　106
相互依存で場は強くなる　110

Ⅱ－6　逆ＳＷＯＴ分析……112

ＳＷＯＴ分析とは　112
説明はできても創造できないＳＷＯＴ分析　113
特色は「たまたま」からつくられる　115
逆ＳＷＯＴ分析　117

Ⅱ－7 ミミズを放て……120
「カルティベイト」するのは誰か？ 120
学校組織のミミズ 122
「まじめな雑談」 124
ミミズの死 125
Ⅱ－8 「評判」――隠れた経営資源……126
「評判」という経営資源 126
評判資源を消費するとき 128
教員の慣行と資源の有効活用 130
ピア・プレッシャーと場の多様性 131
Ⅱ－9 学校のアレロパシー……133
学校の世代交代 133
カウンター・カルチャーの育たない学校 134
アレロパシーという現象 137

学校のアレロパシー　137

Ⅱ-10　化学肥料にご用心……140

なぜ日本の教員はよく働くのか　140
すべては地下でつながっている　141
２０１３年度に静岡県で起こったこと　143
効くけどコワイ化学肥料　148

Ⅱ-11　ミツバチの作法……151

場の知性　151
集団的知性　153
「ミツバチの会議」　154
「学校をどう配置するか」という問い　156

第Ⅲ部　試論　an attempt

Ⅲ-1　「日本的組織」と学校……162

学校づくりと場　162
「日本的組織」とは　163
『「空気」の研究』　164
『失敗の本質　日本軍の組織論的研究』　166
『セオリーZ』　168
学校の日本的経営と場　170

Ⅲ-2　変わらない学校……172
「変わる」学校　172
「変わらない学校」の設計　174
「変わらない学校」の成功　175

Ⅲ-3　変われない学校……178
学校スタイルの転機　178
変わりたくとも「変われない」学校へ　180
努力の臨界　183

Ⅲ―4 組織論の試み……185
マネジメントとカルティベイトの橋渡し 185
文化的リーダーシップ論 186
省察的実践論 190
架橋しないという選択 192
Ⅲ―5 学校の「経営」再論……195
残された問題 195
「経営」とは……建物を建てること 198
規格品のない学校の経営 201
経営と「場」 202
おわりに――「ならず者」の受難 206

はじめに

この本は、これといった才能や人徳のない普通の人が、学校をよりよいところに変えていく術を考える試みである。「ならず者」とはもともと「暮らしが思うようにならない者」の意、この本では自分の能力や人格に自信がなく、仕事が思うに任せない教師のことだ。

もちろん教師たるもの、人格は高潔で力量も高いに越したことはない。「教育は教師の人間性次第」とよく言われるが、誰もが尊敬することのできるような教師には、児童生徒や他の教員たちも自ずと従い、元気づけられていく。実際にそうした人格の発するオーラによって、人を感化して学校を変えてきた先生方もいる。

だが往々にして理想は理想でしかない。学校づくりにはリーダーの人格が大切だと思ってみたところで、実際に人間性なるものが向上するはずもなく、たいていの人にできるのはせいぜい人格者を演じることだ。もちろん筆者もそうしたならず者教師の一人である。

自らの力に限界があることを自覚しつつも学校を変えていこうと思ったら、他の人や環境の持つ力を積極的に借りなければならない。それで結果的に学校がよりよい場所になるならば、他力本願に何も悪いことはない。

本書でこれを考えるためのキーワードが「場」である。この本で紹介するのは、自らの気高い理想と力量によって学校改革を成し遂げようとする代わりに、教職員はじめ学校に関係する様々な人や環境の持つ「活《い》き」を取り込んで学校をつくっていくためのヒントだ。といっても、学校づくりに何か突飛な思想を導入しようというのではない。ここで紹介する発想は、おそらくは学校教員の多くが漠然と感じてはいながらも、今日の学校を取り巻く空気の中で表現することを躊躇してきた思いに土台を与え、より積極的に活用していこうとするものだ。

本書は三部から成っている。

第Ⅰ部「解題：introduction」では場を活かした学校づくりの背景について説明する。「解題」としたのは、「理論」というほどかたいものではないにせよ、本書で提案する場を活かした学校づくりには語っておくべき背景があるからだ。もっとも、場の哲学そのものは奥深く、これを実生活や組織の中で生かしていこうとする発想は言葉を変え、分野を超えて様々なところで論じられてきた。第Ⅰ部ではこれを、筆者なりに学校教育の文脈に引きつけて再解釈し、学校論をベースにできるだけ分かりやすい言葉で述べようとしてみた。

第Ⅱ部「足がかり：food for action」では場の考え方を実際の学校づくりの中で活かしていくためのヒントを紹介する。「実践編」としなかったのは、本書で述べる内容について「こうすれば学校がよくなる」といったノウハウによる改革・改善のイメージを持ってほしくなかったからだ。むしろ場を活かした学校づくりの持ち味は、学校という組織の見方を変えてみる、結果は確かではないが働きかけてみる、というところにあるのだ。学校を変えようと思ったら、学校という場の中で、どこからどうアプローチしていったらよいか？　そのアイデアをまとめたのが第Ⅱ部である。

第Ⅲ部「試論：an attempt」では、場の発想を取り入れた学校づくりの骨組みについて考える。学校づくりは学校管理職が計画を策定し、個々の活動を管理することによって成し遂げられるものではない。一方で教職員の自発的な努力を信じていれば自然にいい学校ができるというわけでもない。場の発想を学校づくりに取り入れるということは、学校の内外にある多様性や、日々生じる様々な偶然をも活かして学校を育てていくことだが、そのとき、一つの組織体としての学校の改革・改善はどのような輪郭を与えられることになるのか、従来の「学校づくり論」を描き直してみる試みが第Ⅲ部である。

本書が目論むのは、学校運営の教科書などで杓子定規に語られる学校づくりの理論が、どこか肌に合わない人たちにむけて、代替となる学校づくりを提案することである。ここで述べるのはあくまでもその素描図なので、もし読者の皆さんが実践に携わる方々ならば、それぞれの場所に根を張って、幹を太くして、枝葉を伸ばしていけるはずだ。

楽しんで読んでほしい。

平成29年3月

著者

第Ⅰ部　解題

introduction

Ⅰ－1　学校という場所

学校という場所

「母校」という言葉を聞いて人は何を思い浮かべるだろうか？　仲のよかった友だち、部活動の光景、心に残った授業、優しかった先生、校舎やグラウンド等々、思い浮かべることは様々だろう……が、それらの人や物は真空状態の中にポッと浮かび上がったわけではないはずだ。「母校」を想うとき、人はそれを、子どもや教師が生き、活動が行われる場所の情景とともに思い浮かべているのではないだろうか。言葉を換えると、学校だけに限ったことではないだろうが、人々の様々な活動が息吹を得るためには、その上で人の生が織りなされる舞台が必要なのだ。

学校は教職員や児童生徒、教育目標や方法や教材等々、学校の活動を構成する諸要素の単なる総和ではない。個々の学校には、それぞれそれらの織りなす関係全体から放たれる独特な空気があるのだ。

ちょうど人が服をまとうことで個性を表現し、料理が器に載ることでその味を醸し出すように、それぞれの学校にも持ち味があり、それが場所の個性としてそこに生きる人を包み込んでいると考えてみてはどうだろうか。

だからこそ、子どもたちは学校を家庭や公園とは違う場所として認識し、学校を舞台に児童生徒を演じることができる。また、家に帰ればダメ親父やグータラ主婦でしかない教員も、学校の中では背筋を伸ばして教師を演じなければならないのも、学校という場所が公教育という営みが行われる舞台であると認識していればこそだ。

さて、この舞台は誰がいつつくったのか？　言うまでもなく誰か特定の人物がつくったのではなく、学校の成立と時を同じくしてあったはずだ。その時代、その場所のあり方に応じて、舞台としての学校はその時々の活動主体に、そこで行われる様々な営為に持ち味を与えていたであろう。夏目漱石の『坊っちゃん』や壺井栄の『二十四の瞳』などの学校を舞台にした小説が今日に至るまでたびたび映画やドラマになっているのは、筋書きのみならずその舞台の情景描写が秀逸だったからではないだろうか。

舞台の変容

今日、この学校の舞台風景が大きく様変わりしようとしている。簡単に言うと学校から生活臭が消え、整然と整えられた機能空間に変化しつつあるのだ。

教員が生徒を呼ぶときには、ニックネームで呼んだり名前をそのまま呼び捨てたりすることをやめ、「〇〇さん」と丁寧に呼ぶようになった。

異性の子どもの身体に触れるとハラスメントになる恐れがあるので、とくに男性教員は児童生徒とスキンシップを図ることは控えるようになり、子どもに不公平感を抱かれる恐れがあるので、同性の子どもとの身体的接触をためらう教職員もいる。

不審者侵入防止の観点から校門は閉ざされるようになり、地域の人々が先生方と話をしにふらっと立ち寄るにはちょっと敷居が高くなった。

そして学校は劇的に多忙化したために、教員の間で雑談やとりとめのない教育論談（いわゆる職員室談義）をする機会が劇的に減り、教職員間の連絡調整を短時間でいかにスピーディに行うかということに、どの学校でも腐心している。

同時に教職員の職業意識や生活スタイルも変化して、ワークライフバランスをより強く意識するようになってきた。結果、勤務後のつき合いも減って教職員間の関係も少しずつ仕事に限定されたものへと変わりつつある。

「場」と学校づくり

これらの一つひとつはいずれも、偶然生じたことではなく、社会環境の変化に根ざした根拠のある変容であり、それが気に入らないからといって、行政や教職員を責めることはできない。そして「古きよき時代」の学校には戻れないということは誰もが分かっている。

こうした舞台風景の変化一つひとつが単独で学校に及ぼす影響はそれほど大きくはないかもしれない。だが、これらの変化が重なり、長期にわたって作用したときに、全体として子どもの成長にどのように影響していくかについては、多くが語られてはいない。

それどころか、学校現場が疲弊し、追い詰められていくほどに、こうしたことを話題にすること自体がむずかしくなっている。というのも、こうした複合的・長期的な事柄の影響については、目に見える証拠（最近でよく「エビデンス」という）を特定することが非常に困難であるからだ。ただ、「最近は何となく学校の中がギスギスしてきたな」というような感覚として人々はその変化を感じるだけだ。

だが舞台の設定を考えることなしに、そこで演じる役者の演技の是非を論じてよいものだろうか？

こうした、学校で行われる様々な活動に背景を与えるもの、多くの教職員が何となく感じてはいても、意識的に取り上げにくい変化を考えるキーワードが「場」である。これらは、直接的に教育成果につながるものではなく、学校評価のアンケートに登場することもないかもしれないが、学校での児童生徒や教職員のふるまい方に影響を与える事柄だ。学校という場の変化によって、漸次的ではあるが着実に学校の姿は変わりつつある。

Ⅰ―2　学校がヤバイ

縮小社会という脅威

学校は子どもの「未来」のためにある場所だ。学校で語られる夢や希望がリアリティをもつのは、子どもたちの目に未来が明るく輝いて見えるからだ。頂上が見えればきつい坂道もがんばって登ろうという気になるように、「明るい未来」が見えれば、人は現在の楽しみを多少犠牲にしてでも未来の自分に投資しようという気になる。

だがこの、「明るい未来」の説得力が今日では失われつつある。その原因には、バブル経済の崩壊以降の経済成長の鈍化・停滞、中国をはじめとした周辺諸国の産業力増大による国際的地位の相対的低下、東日本大震災以降頻発するようになった自然災害への懸念、原発事故に象徴される日本の技術（者）への信頼のゆらぎ等々、様々なものが考えられる。

だが、この不安を決定的にリアルなものにしているのは人口減少を最大の動因として、「社会が縮小していく」という感覚だ。戦争や飢饉などで一時的に人口が減ることはあっても、継続的・長期的に人口が減少していくという事態は、日本にとっては有史以来経験のなかった現象である。

現在まで続く公教育の制度も、当然のことながら拡大しつつある社会を前提に設計されたものだ。国が大きく豊かになっていく、そしてそこに生きる国民の生活もよりよいものになっていく、というモチーフを前提として学校教育は計画され、推進されてきた。

人口減少と言うとしばしば話題に上がるのは、学校統廃合をはじめとする学校再編の話題だろう。これはこれで重要な問題だが、もっと致命的な問題があると筆者は考えている。縮小社会がもたらす様々なインパクトのうち、学校にとっての最大の脅威は、子どもや保護者の多くが共有できるような明るい未来のイメージを抱くことがむずかしくなる、ということではないだろうか。

筆者は授業の中で大学生に「未来の社会の生活で、今よりよくなるのはどんな点だと思うか」と訊いてみることがある。大体かえってくるのは「もっと生活が便利になる」「グローバル化が進む」「可能性が広がる」などの抽象的な答えだ。そこで「どんなふうに便利になってどんないいことがあるの?」「グローバル化すると何ができるようになるの?」『可能性』ってどんな可能性?」とたたみかけてみるとほとんどの学生は返答に窮する。そこに「テレビが見られるようになる」「冷蔵庫が家に入る」といった、映画『ALWAYS 三丁目の夕日』で描かれたような「分かりやすい希望」はない。

こうした、近代社会の持っていた、明るい未来の説得力がなくなっていくという命題はフランスの哲学者リオタール（Jean-François Lyotard）が、すでに『ポストモダンの条件』（1979）の中で「大きな物語の終焉」と語ってきたことと何も変わらないが、今日ではこのことが哲学者たちのむずかしい議論の中の話ではなく、町中から人の気配が消えていくといったかたちで身近な現実として感じられるようになった。

縮小社会の希望

もっとも、「自然との共生」「コミュニティ経済」「持続可能な社会」といったキーワードで語られる未来像は、縮小社会と言われる社会が必ずしも暗いものではないということを意味している。

「大きな家に住み、ブランドものの服に身を包み、高級車に乗り、仕事やプライベートで海外を飛び回る」といったイメージが高度経済成長時代にステレオタイプ化された豊かさだとするならば、これからの社会にイメージされている豊かさは、これとは対照的に、「家は小さくとも家庭菜園で野菜を自分で育て、古着を好きなようにアレンジして着こなし、自転車で移動し、近所の人たちと仲よく暮らす」、そんな姿ではないだろうか。

筆者は個人的にはこれらの豊かさの考え方に共感するし、これは十分に現実的だ。それは経済的な豊かさの追求を卒業した先にある、自然体の豊かさの表現であるとも言えるだろう。成金趣味の欲望から人々が解放されていくことこそ成熟社会の証だ。

だが、そうした豊かな生活はごく身近にあるがゆえに、「その未来を手に入れるために現在を犠牲にして努力する」という動機づけの手立てとしては説得力を持ちにくい。高度経済成長時代に追求された豊かさが、進学・就職競争を通した社会的・経済的階層の上昇にダイレクトにつながっていたのに対し、縮小社会の豊かさとはむしろその対極に描かれる。古着を着こなしたり自転車を買ったりするために「今は我慢して一所懸命勉強しなさい」という理屈をつけることは、ちょっとむずかしいのではないだろうか。

しかし一方で、公教育を活発に稼働させていくためには相応の心理的な動機づけがいる。未来が明るく輝いていて、そのために現在の努力があるのだという構図がなかったなら、学校が教育機関として子どもの自発的な学びを後押ししていくことはむずかしくなる。

さて、「明るい未来」とは別のテーマによって公教育を稼働させていかなければならないとしたら、そのために使える有望な代替エネルギーは何だろうか?

危機感を原動力にする学校教育

「明るい未来」に替わる公教育の代替エネルギーとして、昨今しばしば使われるようになったのは「危機感」である。

証拠を一つ示そう。次に引くのは文部科学大臣によって2015年4月に出された二つの諮問文の書き出しの一段落である。

日本は課題先進国であると言われています。急激な高齢者人口の増大と生産年齢人口の減少により、諸外国に先駆けて突入した超高齢社会、人口の自然減と社会減が急激に進んだ地方の消滅危機、世界のフラット化・ボーダレス化による国際競争の激化、産業構造の変化や厳しい経済状況による経済的格差の拡大やその固定化の懸念。こうした先進国共通の課題が、我が国においては急速に進行しており、ひとつひとつ迅速に解決していくことで、課題解決先進国とならなければなりません。さらに、技術革新に伴う今後の社会の変化についても、特に職業の在り方は急速に変化していくことが予想され、今ある職業の多くが存在しなくなることも想定しなければなりません。

(「個人の能力と可能性を開花させ、全員参加による課題解決社会を実現するための教育の多様化と質保証の在り方について(諮問)」２０１５年４月14日)

我が国は、都市化・過疎化の進行や家族形態の変容、価値観やライフスタイルの多様化等を背景として、地域社会のつながりや支え合いの希薄化、家庭の孤立化など様々な課題に直面しています。また、世界に類を見ない人口減少・少子高齢化の進行により地域コミュニティの存続が危ぶまれており、その危機を克服し地方創生を成し遂げていくことも切迫した課題となっています。

（「新しい時代の教育や地方創生の実現に向けた学校と地域の連携・協働の在り方について（諮問）」２０１５年４月14日）

これがおおよそ四半世紀前だと次のような調子だ。右のものと比較して読んでみてほしい。

今後の我が国の社会については、国際化、情報化、高齢化など大きな変化が予想されている。このような社会の変化に適切に対応した教育を実現するため、これまでも生涯学習、初等中等教育、高等教育など各般にわたる教育改革を推進しているところであるが、今後とも、中長期的展望に立って制度上の諸課題について不断に検討していくことが必要である。（「新しい時代に対応する教育の諸制度の改革について（諮問）」１９８９年４年24日）

半世紀ほど前だと次のような感じである。

学校教育の成否は、これを担当する教員の教育力のいかんに左右されるところがきわめて大である。したがつて学校の種類に応じ、望ましい質の教員の適当数を養成してこれを適正に配置することは、学校教育の振興を図る上に不可欠の要件である。（「教員養成制度の改善方策について（諮問）」１９５７年６月10日）

詳しくは原文等に当たっていただきたいが、時代を下るに従って言葉が柔らかくなっているのとは対照的に、認識は厳しく、内容はくどくなってきている。

危機感というエネルギー

この危機感というエネルギーは、人や組織を動かすという点では実際に効果的だ。「格差が拡大して社会の底辺に転落してしまうかもしれない」「今までの生活が維持できなくなる」「地域がなくなる」といったことを言われれば、誰でも「これはまずい」と思う。生活に直結したリアリティのある危機であればなおさらだ。

ただし、危機感を学習の動機づけにするのはいいことばかりではない。

危機感で人を動かせば、その自然なリアクションとして、人はなんとか振り落とされまいとしてより確かなものにしがみつく。大学や高校のキャリアガイダンスや就職セミナーなどで強調されるのは、フリーターなどの非正規雇用者の生活の困窮と、正規雇用されることの重要さである。そのためには夢などという悠長なことは言っていられない。何よりも雇用者側に気に入られるように振る舞わなければならない。

こうした危機感による動機づけは、しかし、昨今強調されている創造的な学びとはトレードオフの関係にあると考えるべきだ。

大学であろうと幼稚園であろうと、おおよそ創造的に学ぶ姿勢を育てようと思ったら、思考や活動の選択肢の幅を広げて、学習者による創意工夫の余地を拡大していく必要がある。「アクティブ・ラーニング」や「ＥＳＤ」「社会に開かれた教育課程」といったキーワードを通し、これからの学びの内実として強調されているのは、自らの意思によって能動的に動く態度や力量の形成なのである。生産の多くのプロセスが人工知能や新興国の労働者にとって代わられていく今後の産業構造の変化を考えれば、学びの構造の転換は不可欠だ。

一方で、危機感で学びを促そうとすれば、こうした創造的な学びは換骨奪胎されていく可能性がある。危機感による動機づけは何よりも他者の要求に応えることを求めるからだ。「創造的な学びを危機感によってあおられる」という、なんとも皮肉な構図で現在の公教育は稼働している。

もちろん、だからといって文部科学省や教育委員会を責めようというつもりはない。経済社会の大きな転換の中で、権限も財源も限られた行政にできることには自ずと限界がある。苦し紛れの手ではあっても、なんとか教職員や児童生徒を動機づけて学びに向かわせなければならない。そう考えるのは公教育を運営する立場にある行政機関として不誠実なことではなかろう。

Ｉ－３　足下にある希望

足下にある希望

社会が共有できる明るい未来イメージを共有しにくくなっている今日では、もはや未来を生きる子どもにとって努力に値するような希望はないのだろうか？　そんなことはない。現に社会に閉塞感が漂っている今日でも、自分らしく生き生きと学んでいる児童生徒や大学生はいくらでもいる。かれらの多くは、自分なりに夢や目標を見つけ、それを目指して現在の学びや生活を謳歌している。

今後とも人口が減り続ける中で、グローバル経済の波が押し寄せ、産業構造が変化し続けていくにしても、全体としてみれば就業形態も多様化し、社会全体の職業選択の幅は広くなっていくことは十分に考えられる。もちろん生活条件が整えば、就職しないということも一つの選択肢に入りうる。失われていくのはあくまでもそれらを一括りにして共有できる希望のイメージ（「大きな物語」）だ。

成長の強迫観念から自由になった社会は、一人ひとりの人間がより自分らしく生きられる社会でもあると言えるのだ。昨今では高給取りのサラリーマンをやめ、一人自給自足の生活を目指したとしても、周囲から白い目で見られることは少なくなった。

ただしこうした「小さな物語」は「大きな物語」のように、国の方針によって与えられるものでもなければ社会の空気によって醸し出されるものでもない。「小さな物語」は自分で紡いでいかなければならない。だがどうやって人はそれを創作していくことができるのだろうか？

偶然を使う

この「小さな物語」の創作についてよく知られた題材をもとに考えてみよう。アップル創業者のスティーブ・ジョブズ（Steve Jobs）が2005年にスタンフォード大学で行った卒業祝賀スピーチは、彼の人生遍歴を語ったものとして様々なところで紹介されているが、これをよく聞いてみるとその数奇に見える遍歴にも、ある隠されているパターンがあることを見つけることができるのだ。

このスピーチは要約すると次のようなものだ。

私の生みの母親は当時未婚の大学院生でした。彼女は私が生まれてすぐに私を養子に出すことに決めました。養子縁組の候補となった夫婦は学歴はありませんでしたが、私を養子に引き取ることを強く希望しており、生みの母親は私を大学に行かせるという条件で私を養子に出しました。そして17年後、私はリード大学に入学するのですが、深く考えずに学費の高いカレッジを選んでしまったので労働者階級であった私の両親の稼ぎはすべて大学の学費に消えていってしまいました。6ヵ月ほど過ぎた頃には、私はそこにいる価値を見出せなくなり、親が生涯かけて貯めた金を使い果たしているのにも嫌気がさして退学を決めました。このことが私の人生で下した最善の判断でした。というのも退学を決めてからというもの、もう卒業単位に縛られることはなくなったので、自分の興味と直感の赴くままに行動できるようになったからです。その一つがカリグラフィ（飾り文字）のクラスで、私はその魅力にすっかり夢中になりました。

その当時、このことは生きていく上で何ら実践の役に立ちそうのないものに見えましたが、10年経って最初のマッキントッシュ・コンピュータ（マック）を設計する段になって、このときの経験が丸ごと蘇ってきました。そしてその全てをマックの設計に組み込んで、完成したのは美しいフォント機能を備えた世界初のコンピュータでした。

20歳のときにウォズニアックと一緒に立ち上げたアップルは30歳のときには4000人以上の社員を抱えるまでに成長していましたが、30歳のときに突如会社から追い出されてしまいました。自分がつくった会社から追い出される結果となったのは、途中から雇った共同経営者との将来ビジョンに食い違いが生じ、取締役会との間に亀裂が生じたためです。公然たる大失敗でした。

しかし、そのときは気づかなかったのですが、アップルから追い出されたことは私の人生で、最も幸運な出来事となりました。会社を発展させるという重圧から解放され、もう一度身軽な挑戦者になることができたからです。その後の5年間に、NeXTという会社を起業し、その後「トイ・ストーリー」を製作することになるピクサーも立ち上げました。そして伴侶となる女性とも巡り合えました。さらに、図らずもアップルがNeXTを買収することになり、私はアップルに舞い戻ることになりました。

1年前に私はがんと診断されました。朝7時半に診断装置にかけられ、膵臓に腫瘍が見つかりました。医師からは治療の見込みはなく、持っても6ヵ月の余命だろうと告げられました。医師は自宅に戻り、死に備えるように私に言いました。私はその日診断結果と向き合い、その日の午後に生検を受けました。

鎮静剤を飲んでいたので私にはよく分かりませんでしたが、妻に聞いたことには、細胞を顕微鏡で調べていた医師たちが叫び出したらしいのです。腫瘍が手術で治療可能な稀なタイプのがんであると分かったからです。これが人生で最も死に近づいたときでした。私は手術を受け、今では元気です。

こうした経験をしたからこそ、死が大切なものであるということを自信を持って言えます。「死」はおそらく生命のなしえた最高の発明です。それは生命の変革装置で新しいものが生まれるために古いものを取り除いてくれます。あなた方の時間は限られているので、どうか本意ではない人生を生きてあなたの時間を無駄にしないでください。

彼の話しの流れを図にすると**図Ⅰ－1**のようになる。

彼の人生行路のプロセスでは何度か本人の望まぬ想定外の事態が生じている。それは当初は本人にとっても周囲の人々からも挫折に映ったが、しかし結果的にはこのことが人生に新たな展開を生むきっかけとなり、そこから次の飛躍が生まれている。

興味深いのは彼がこうした事態をあとから振り返って、彼にとって幸運な出来事と意味づけ賛辞を贈っていることだ。彼は大学からの退学については「私の人生で下した最善の判断」、アップルからの解雇については「人生で最も幸運な出来事」、死の宣告については、『死』はおそらく生命のなしえた最高の発明」と呼んでいる。

彼は、こうした偶然性の活用を「点と点をつなぐ」と表現し、同スピーチの中で次のように述べている。

将来どのように点と点がつながるかを予見することはできません。できるのは後から振り返ってつなげることだけです。だからこそバラバラの点と点が将来何らかのかたちできっとつながっていくものと信じてみることです。自分の勇気、運命、人生、カルマ……何でもいいから信じてみることです。なぜなら点と点が自分の歩む道のどこかでやがてつながってい

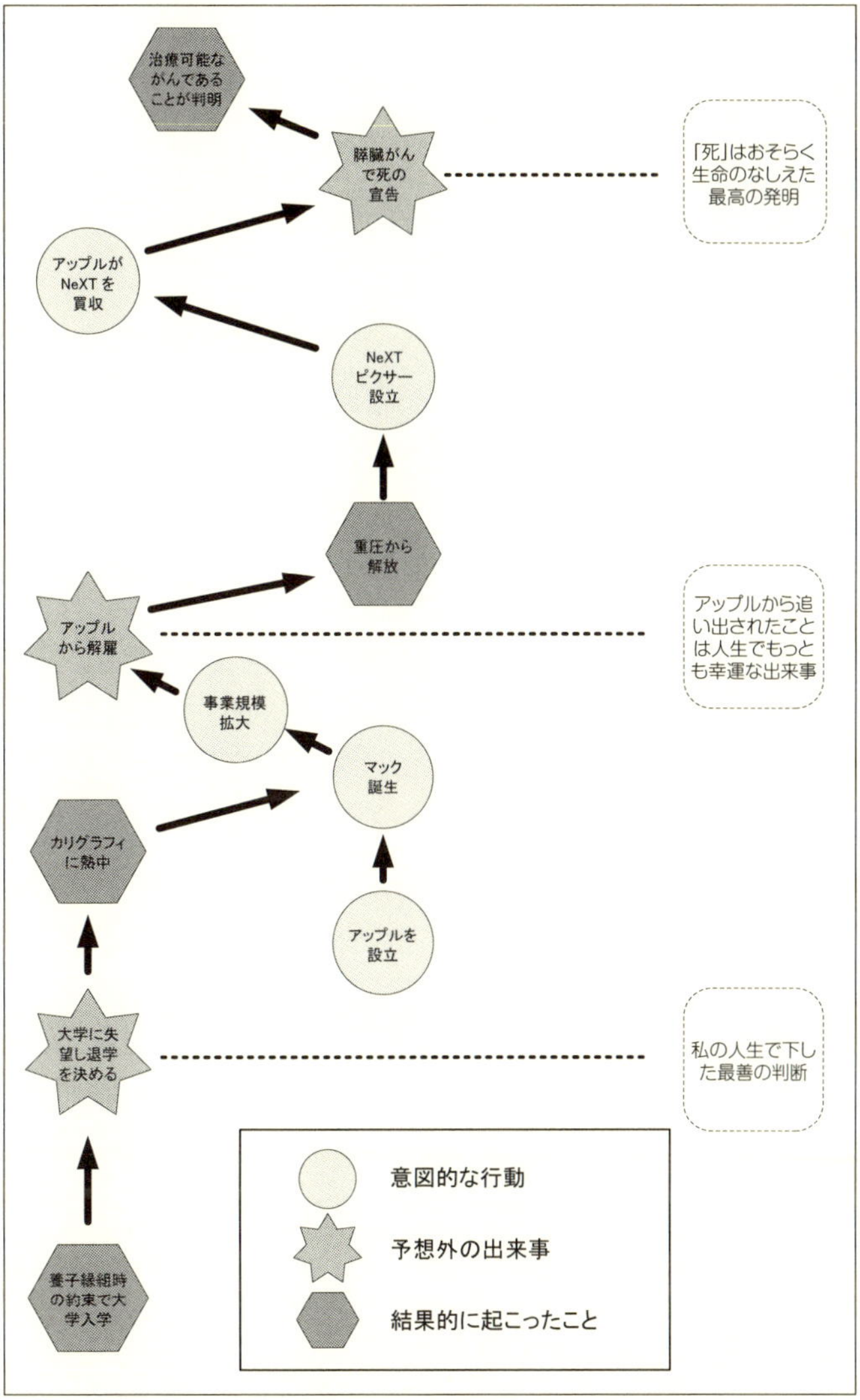

図Ⅰ－１　スティーブ・ジョブズの人生行路

くと信じてみることで、たとえその道が他の多くの人の進むものとは違っていても自分の心に従って生きていく自信が生まれるからです。このことが大きな違いをもたらしてくれます。

彼の生き様が示唆するのは、時に偶然とも思えるような出来事との対話の中で、我々の人生の物語は豊かになっていくということだ。生きる希望は理想の彼方にあるのではなく、生活の出来事のあちこちに転がっている。

セレンディピティ

スティーブ・ジョブズの生き方は、多くの人に示唆を与え、ファンを魅了したが、それは彼が高く掲げた理想に向かって邁進し、これを実現したからではない。その反対に、幾度となく挫折を繰り返し、(そこから這い上がったというよりは)その挫折の恩寵にあずかって人生が切り開かれてきた。

偶然の幸運の恩恵にあずかることができるのは、何も彼のような特別な人だけではない。ごく平凡な人の人生であっても、結婚や就職など大きな転換点となった出来事の、かなりの部分が偶然(と思える要因)によって決まっていると多くの人は感じているのではないだろうか。

筆者は授業や研修などの折に、「今の自分があるのは、偶然の結果か努力の結果かどちらだと思うか」と訊いてみることがあるが、どこで訊いてみても大体半分以上の人は偶然の方が大きいという方に手を挙げる。

もちろん実際には、彼のように点と点をつなぎ合わせて成功することができた人と、そうではなかった人がいるはずだ。一部の成功者の陰には、大学をドロップアウトしてその後芽が出ずじまいで終わったり、会社から解雇され社会を怨んでその後の生涯を送ることとなったりした無数の人々がいるに違いない。その意味では彼は自分自身で語っているように紛れもなく幸運だったのだ。

こうした偶然の幸運に恵まれる資質は、しばしば「セレンディピティ」と呼ばれる。「セレンディピティ」とは、1557年に出版（物語の正確な成立は不明）された『遍歴セレンディップの3人の王子（The Three Princes of Serendip）』という寓話にちなんで、18世紀半ばにイギリスの小説家であるホレス・ウォルポールが生み出した造語である。

この寓話は現在のスリランカにあたるセレンディップ王国の3人の王子がドラゴン退治のための巻物を探しに旅に行くという物語だ。3人の王子は、様々な試練に出合うが、力を合わせそれらを乗り越えて旅を続ける。

そして見事巻物を見つけドラゴンを退治した、というならありきたりの話だが、そうではない。物語は結局目的の巻物は手に入らなかったものの、旅の過程でそれぞれに成長し、妻をめとり、統治する国を得て幸せに暮らす、という結末に落ち着く。(1)

「セレンディピティ」の概念は誕生からすでに200年以上が経っており、新しいものではないが、どういうわけか今世紀に入ってから相次いで多くの論文や著作が出版され、注目を集めるようになった。多くのことがあらかじめ立てられた計画に従って進められるようになった今日、人は心のどこかで決められた計画からの避難所を探し、偶然を求めているということなのかもしれない。

さて、「セレンディピティ」の発想が示すように、我々の周りを見渡してみても思いがけないチャンスに恵まれて成功を続ける人がいる反面、せっかくの努力が空回りして成功に結びつかない人もいる。だが、その差は単に「幸運な星の下に生まれた」というだけのことなのだろうか？

Ⅰ－4　土の中には宝が埋まっている

「運のいい人」と「計画化された偶然性」

我々が人生のあちこちで遭遇する予想外の出来事から幸運をつかみ取る人とそうでない人、その差はどこから生まれるのか？　それとも全くの偶然なのか？　こうした多くの人の頭によぎる疑問に答えようとした研究者がいる。次のその二つの試みを紹介してみよう。

一つ目はイギリスの心理学者、ワイズマンのチームによる「運のいい人」の研究である。[2]同チームでは年齢も階層も異なる400人のボランティアを対象に、「運がいい」と考えている人と「運が悪い」と考えている人の思考体系と体験について分析を行い、運に対する斬新な見解を披露した。

ワイズマンの研究によれば、「運がいい人」たちには、共通した行動特性があるという。①チャンスを広げる行動をとっていること、②直観を鋭敏にして、チャンスを察知していること、③将来に明るい期待を持っていること、④不運にとらわれず、これを幸運に変えるための行動をしていること、などの点で、「運の悪い人」と対照的な行動特性が発見された。一見運がいいと考える人たちは、実際には運を引き寄せるための行動をしていたのである。

もう一つは、この原理をキャリア支援に活用しようとしたアメリカ、スタンフォード大学のクランボルツの「プランド・ハプンスタンス」理論だ。[3]「プランド・ハプンスタンス」('Planned Happenstance')とは直訳すれば「計画化された偶然性」となる。クランボルツはキャリアカウンセリング理論の先駆者であるが、彼はキャリアにおいて成功した人のほとんどが、大学卒業当初に希望したものとは異なった職種で成功していることに着目し、その要因を分析した。その結果、こうした偶然を生かせる人々には共通した特徴があり、そこから①好奇心、②粘り強さ、③柔軟性、④楽観性、⑤リスクテイクの五つのスキルを備えていることを明らかにしている。

また、クランボルツはこうした偶然を意図的に活用することができるようにキャリア支援を行っていくこともできると考え、①計画化された偶然の意味を経験的に理解させる、②好奇心を学びや探究の機会に変える、③望ましいチャンスの機会をつくることを教える、④行動の障壁に打ち勝つことを教える、という四つのステップを踏む支援モデルを提案している。

どちらの調査でも、偶然のチャンスを生かせる人の特徴にはある程度共通点がある。彼らの研究によれば、好奇心が強く、周囲に対して関心を持ち、それを活用して実際に行動に移すことのできる人がチャンスをつかみやすいようだ。

もっとも、賢明な読者諸氏はお気づきと思うが、これらの概念は矛盾をはらんだものだ。

「運のいい人」の行動や考え方に決まったパターンがあるのならば、それはもはや運というより必然と呼ぶ方がふさわしい。また、もし計画化できるなら偶然ではないし、本当に偶然ならそれを計画化することはできないはずだ。

幸運なアクシデント

だがこの一見矛盾している発想も、次のように観察者の視点を違えてみることで合理的に説明することができる。

今ここを生きる我々は、それが誰であれ、きわめて限定された自身の認知能力を頼りに生きていかなければならない。そして当然のことながら、自分に「どのくらい知らないことがあるか」は誰にも分からない。

一方で我々の生きる環境の中には、通常我々が想像する以上の多様性・複雑性が存在していて、そこには無限の可能性が潜在しているかもしれない。それらはひょっとしたことで人生の舞台に飛び込んでくるかもしれないが、多くの場合我々はそれに気づかずにそこを通り過ぎるだろう。

とすれば、この可能性をより大きく想像し、「何かいいことがあるかもしれない」といつも考えて行動するような人は、結果的に偶然を活用できることが確率的に高くなる。そしてこれは、時として自分自身や他の人の目には「幸運に恵まれている」ように映るのだ。

我々の生きる環境の中にはたくさんの可能性が潜在する。そのように考えてみるならば、その恩寵をうまく活用して人生を豊かにしていくことは何ら不合理なことではない。

これからの社会に「大きな物語」が失われていき、足下にある希望を見つけていかなければならないとしたら、学校は単に教科の学力や特定の資質・態度を伸ばすだけではなく、そうした我々の認知能力の外側にあるものと、どうつき合っていくかを学ぶ場所でもあるべきではないだろうか。

学校は偶然の宝庫

さて、一人ひとりの子どもたちが足下にある希望を見つけて成長していけるように促していくためには、学校は子どもたちに対してどんな働きかけをしていったらいいのだろうか？　そのためには学校はどんな場所であるべきであり、そうした学校をつくっていくためには何をどうしたらいいのだろうか？　これらが本書のテーマの背後にある漠然とした問いだ。

学校を塾や予備校と比べてみると一目瞭然だが、学校には多様な人が多様なかたちで関係している。だから学校で何が起こるかは予測することはむずかしいし、一方でだからこそやりがいがあるという側面もある。

授業中の児童生徒の突飛な発言は他の児童生徒の眠気を覚まし授業をおもしろくするチャンスだし、クラスの中でけんかやいじめが起きれば、人の心の痛みや人間関係のむずかしさを考えるチャンスが生まれたことになる。保護者や地域住民から要望があがれば、それをテコに先生方の意識を変えていけるかもしれない。

さて、こんな言い方をすると次のような声が聞こえてきそうだ。

「そんなふうに考えられたらおもしろいのかもしれないが、それは現実には単なる理想論にすぎないのではないか。中学・高校であれば生徒は受験を控えている。テストの結果が悪ければ、保護者からの風当たりも強くなる。一方で学校の仕事はすでに手いっぱいで飽和状態に近づいている。追い詰められている学校の一体どこに、偶然を活かせるようなゆとりがあるというのだ」。

もっともな意見だ。だが実は、条件の限られた環境下でこそ、本書でこれから述べる「場」の視点はその持ち味を発揮する。その術については第Ⅱ部で述べることとするが、そのためにもここでは身の回りの環境における多様性や偶有性を活用する視点の必要性を学習論の観点から踏まえておきたい。

教育改革の動向と「創発性」

予想外のことがたくさん起きる、という意味では昔も今も学校は偶然の宝庫だ。「子ども」という、当該社会の枠にはまりきっていない多数の対象を一つの場所に集めて活動を行っていく以上、彼らが教職員側の期待や予期に反することは、しょっちゅうあって当然だ。すべて計画どおりに事が運んでいく学校など薄気味悪い。

ただ、これをチャンスと捉えるか、邪魔物と捉えるかは教育をする側の姿勢によって異なるだろう。決められたことを効率よく児童生徒に伝達することが学校の使命だと考えていれば、想定外の出来事は学校や教職員にとって一種の雑音でしかない。児童生徒の主体性は教職員の手のひらの中で発揮しておいてもらった方が教育サービスを提供する側にとっては都合がいい。

一方で、学校を児童生徒が価値を発見し、生き方を見つけていくところだと考えるならば、そこは児童生徒にとっての驚きや発見に満ちていた方がいい。そのように考えていれば学校の偶然は資源に見えるはずだ。

「知の伝達」と「価値の創造」、学校現場にはこの双方の働きが期待されている。これまでの学校に重視されてきたのは前者の視点だが、これからの学校を考えたときにより重視されてくるのはきっと後者の視点だ。加えて、前者の課題については日本の学校は相当に組織的スキルを磨いてきたが、後者の課題については他の先進国に比べてだいぶ遅れている。

このことは、現在世界で最も広く知られているコンピテンシー（社会的スキルや動機、人格特性も含めた包括的な能力のこと）のモデルであるＯＥＣＤのキーコンピテンシーを参照してみれば明らかであろう。

OECD「キーコンピテンシー」
1．相互作用的に道具を用いる
A．言語、シンボル、テキストを相互作用的に用いる能力
B．知識や情報を相互作用的に用いる能力
C．技術を相互作用的に用いる能力
2．異質な集団で交流する
A．他人といい関係を作る能力
B．協力する能力
C．争いを処理し、解決する能力
3．自律的に活動する
A．大きな展望の中で活動する能力
B．人生計画や個人的プロジェクトを設計し、実行する能力
C．自らの権利、利害、限界やニーズを表明する能力

この「キーコンピテンシー」はＯＥＣＤの主導により、各専門分野の専門家の協力を得て推進された「DeSeCo」(Definition and Selection of Competencies) プロジェクトの成果である。

同プロジェクトで、今後の社会に必要とされる世界の各地域・各分野に広がった能力観を敷衍《ふえん》し、理論的にこれを整理した結果がこのキーコンピテンシーである。同モデルは国際学力調査等においてもその基礎理論として活用され、少なからぬ影響を与えている。

もちろんこの考え方自体、ＯＥＣＤに主導されていることからもうかがわれるように、先進諸国の産業界のニーズを強く反映するものであるし、それゆえの批判もある。ただ、今後の社会に必要とされる学力とは、知識のように「頭の中に抱え込む力量」ではなく、より汎用的な力であり、また社会の中で相互作用的に発揮される力量であるという点では、これ以外の多くのコンピテンシー・モデルとも共通しており、異論は少ない。今後身につけていくべき力の核とされているのは、他者や環境などの、自らとは異なった性質を持つ存在と対話し、創造的に人生を紡いでいく力なのである。

実際に学校現場では学習指導要領の改訂の議論の中で注目されるようになったアクティブ・ラーニングの考え方と相まって、問題発見学習や協調学習といった、創発的な学習方法が以前より頻繁に用いられるようになってきた。今後ますますその傾向は強くなっていくだろう。そして同時に、１９９０年代後半の「ゆとり教育」時代にしばしば見られたやりっ放しの体験活動ではなく、その成果をきちんと評価して改善していく計画的プロセスがこれからの学校教育には求められていくはずだ。

大変立派なことだが、これらの技法がもっぱら一定のテストスコアを高めるために用いられていくとき、事態は意図したのとは違った方向に動いていく可能性がある。

創発的な学習と評価尺度を適切に組み合わせて授業に取り組めば、きっとテストスコアは上がっていくに違いない。またそれで、創造的な学習が成果を上げた、ということになるだろう。だが教室から一歩出たら、子どもは問いかけをやめるのではないか？　なぜなら教員がそのようにして子どもの活動を眺めているからだ。これらの学習が目指すものが、創造的に世界と関係する態度であるしたら、その帰趨《きすう》を握るのは教育技術ではなく教員の抱いている世界観なのではないだろうか？

もっとも、だからといって教員の世界観に揺らぎを起こすことなど、そんな簡単にできることではない。文部科学省がこれまで採用してきた手立ては、理念を打ち立ててその重要性を説明し、研修や啓発活動などを通してそれらの「浸透」を図ることだ。日本に限らず、政策担当者にできることはこれしかない。

筆者が本書を通して目指しているのはこれとは反対の方向性だ。

I-5 「場」とは

「場」の裾野

人生を豊かにする可能性を持つ偶然の存在とどのようにつき合っていったらいいのだろうか？ この可能性の存在をよりはっきりとイメージして、リアルに考えるためのコンセプトが本書でいう「場」である。

場は古くて新しい考え方だ。場の概念は量子力学から西田哲学の深遠な思想体系にまで結びつくものでもあるが、一方で「場が盛り上がる」「場数を踏む」「場違い」というように、我々の日常生活に深く根付いている言葉でもある。

研究者の間でも場の概念は多方面で活用されている。

清水博（生物物理学）は、生命システムを「関係子」という要素からなるネットワークシステムとして捉え、この関係子が働く拘束条件を与える働きを持つ概念として場を捉えている。(4)また、後年にはこの考え方を発展させて場を「人々が身体を関与させながら共創的コミュニケーションを行う『共創の舞台』」と再定義し、「相互誘導合致」という概念を核に、自然現象のみならず社会現象をも捉える視点にまで発展させている。[5]

野中郁次郎（経営学）は場を「組織的に共有された文脈」[6]と位置づけ、これを組織における知識生産（技術やアイデア等、組織の知的資源をつくり出していく働き）の基盤となる関係性として位置づけている。場を組織の基盤に措定した上で、共同化（Socialization）、表出化（Externalization）、連結化（Combination）、内面化（Internalization）のサイクルで組織の知識生産を考えるSECIモデルといえば、ハーバードを始め世界中のビジネススクールで教材化されている。[7]

中村雄二郎（哲学）は様々な分野で論じられている場所に関する議論を横断的に捉えた上で、人間の主体と言われるものが成立するためには、その基盤となるべき「基体としての場所」「述語的世界としての場所」が存在しなければならないことを描いてみせている。[8]

これらの他にも古くはレヴィンのゲシュタルト心理学[9]や生態学におけるギブソン（Gibson,J.J.）の「アフォーダンス」論[10]、近年では福岡伸一の「動的平衡」論[11]など、場に関連する議論を挙げればきりがない。地球を一つの自己調節システムを備えた生命体と捉えるガイア理論は、場の発想を援用した究極とも言える理論だ。

これらの議論はそれぞれ、読んでいて本当におもしろく、筆者も多くを学ばせてもらったのだが、場の概念を極めることが本書の目的ではない。筆者がここで求めているのは、もっと学校に関係する様々な人々の日常になじむ考え方だ。

「場」とは

私事になるが、筆者がアメリカのある大学に客員研究員として滞在していた際に、場についての講義を頼まれたことがあった。その際、英語で「場」を表現することのむずかしさを痛感した。もちろん"Spot"とか"Field"といった訳語はあるが、日本語の「場」の持つ微妙なニュアンスはどうもうまく伝わらない。先行研究や思想を引用してある程度厳密に定義することも可能だが、もっと直感的に理解できる方がいい。

どうしたものかと、いろいろ考えてみたがあまりうまい説明が見つからないので、苦しまぎれに漢字辞典を引いてみた。そこに記されていたのは次のような説明であった。「場」という文字は「土」・「日」・「丅」・「彡」の組み合わせで構成されているという。「土」は土や地、「日」は太陽をさしている。「丅」は上がることを意味する記号であるという。そして「彡」は色を意味している。

つまり太陽が昇って大地が彩りを放つとき、そこが「場」と呼ばれるのだ。

この文字を使い始めた人がいったいどのように考えてこう書き表したかは今ではもはや知るべくもないが、これほど誰にでも分かりやすく、直感的にその本質を言い表している説明はない。読者諸氏もちょっと目を閉じてその状態を思い浮かべてみてほしい。

さて、「山並みを思い浮かべた方」「畑や田んぼを思い浮かべた方」「住んでいる町並みを思い浮かべた方」……それぞれ思い浮かべた光景は様々だろうが、きっとそのイメージは見る者の気持ちに何らかの印象を与えるものであったはずだ。大地に太陽が昇って自分の立っている大地に彩りが生じるとき、そこは単に我々の周囲に無機的に広がっている空間ではなくなる。物理的な空間が、人の感情や行動に影響を与える、「意味」を持ち、物語る空間になるのだ。

そしてこのとき同時に、場の中でも「動き」が生じる。太陽が昇り地面が暖かくなれば、土の中の微生物は活動を始め、虫も活発に動き出す。眠っていた種子も発芽して土から芽を出すかもしれない。場はこのように、それ自体が生きている活動の舞台でもある。

少なくとも本書では、このように「場」を「それ自体が生きている環境空間」として捉えてみてほしい。この見方で捉えるとき、場とは我々が生き、活動する舞台となる環境であるが、それは外側に広がって存在しているだけではない。そこには、我々の生き方を制約しつつ、同時に可能性も広げていく性質が備わっていることを想定できるはずだ。

ここではこのイメージを起点に、場の持つ性質を四つの側面から考えてみよう。

場の能動性

場の性質の一つ目は能動性である。場は我々を取り巻き、その中で行為する者に枠組みを提供する環境のことだが、それは行為者に空間や前提条件を提供しているだけではない。日が当たる土の中と同じように、場はそれ自体が活動している空間であり、その中で行為する人に語りかけ、働きかける存在だ。

といっても、何か特別なことを言おうというのではない。たとえば新しい職場に初めて足を踏み入れたときのことを思い出してみてほしい。誰でも「明るく活発な空気」「張り詰めた空気」など、その場の空気を感じ取り、どのようにしてそこに自分が溶け込んでいったらいいのか考えたのではないだろうか。ただ、職場から最初に受けた印象は時とともに変化してきたはずだ。職場に慣れるに従って、新鮮だった同僚との会話がつまらなくなったり、当初は新奇に映っていた慣行も当たり前のものとなったりしたはずだ。そして、たとえ職場自体には目に見える変化はなかったとしても、そこから我々が受ける影響は日々異なる。我々のあり方（たとえば体調や気持ち）は一日として全く同じことはないからだ。

このようにして人は職場に溶け込もうとしつつも、どこかに違和感を覚えるような場合には、頃合いをみながら、その職場が自分や同僚にとってよりよい場所になるよう、幾ばくかの努力もしてみるはずだ。

職場にいる自分にとっては、他の人々は場を構成する一つの要素である一方で、他の人にとっては、自分が場を構成する一要素となっているのである。自分の言葉遣いや表情、仕草などは職員室の空気をつくることで他の教職員のあり方に影響を与えているのだ。

だから我々の行為にとっての固定的な前提条件として場が存在しているのではなく、我々と場とは相互作用をしつつも、その相互作用を通して双方ともに変化していると捉える必要がある。場に働きかける能動性を持っていると同時に、場も我々に対して能動的に働きかけている、と考えるべきなのだ。

もちろんこの、場の能動性は我々の意図や目的に合致するように働くこともあれば、これに反して働く時もある。また「意気揚々と入った会社の停滞した空気によって骨抜きにされてしまう新入社員」のように目的自体を見直す契機となったり、大災害のように我々の人生観までも覆したりすることすらあり得る。

このように場を静態的な活動条件としてではなく、能動的な存在として考えることが、場の考え方の出発点だ。

場の暗在性

二つ目は場の暗在性である。地上で生活している我々にとって、土の中で何が起こっているかは確認することができないように、場は常に我々の認知できない部分を含んで動いている。もちろん、認知できない部分があるとはいっても、そこで何が起こるかはある程度推測することはできるし、経験を積み知識を獲得することによって、また感覚を研ぎ澄ませることによって推測の精度を上げることもできる。

たとえば、教室という場を考えてみよう。一人ひとりの児童生徒がどんなことを感じ、何を考えているかは完全には分からない。けれども、どの程度それを読めるかはその人のスキルや感性によって異なる。感性の鋭いベテラン教員であるほどに、授業の発問時に児童生徒がどのような反応を返すかを想定し、その反応を活用して教室全体の理解を高めていくことができるようになるだろう。

しかしそれでも、学校で起こるすべてのシナリオをあらかじめ用意しておくことはできないはずだ。そしてクラスから学年へ、学校へと組織の規模が拡大するほどに、また、1時間から1週間、1年間へと時間的スパンが拡大するほどに推測はむずかしくなる。

実はこの「推測が外れることもある」というところに積極的な意味がある。操作対象として場をコントロールする、という発想に立っている限りは、推測が外れるということは洞察力の未熟以上のものではない。ところが自分の洞察の外側には、自分の知らない大きな可能性が広がっている、と考えると場は好奇心の対象となる。

土の中からひょっこりと顔を出した見知らぬ芽が、綺麗な花を咲かせることがあるように、多くの人が偶然によって、人生の中で新しい出会いを見つけ、飛躍のチャンスをつかんでいる。学校で何が起こるかは分からないし、だからこそおもしろさとやりがいがある。こう考えることによって、学校の不確実性に新たな意味を与えようというのが、場の発想である。

場の身体性

三つ目は場の身体性である。場はそれ自体が有機的に組織化された身体であり、同時に思考を超えて我々の身体と相互作用する対象でもある。場から発せられる情報は見たり聞いたり嗅いだり触れたりと五感すべてによって伝えられる。だから雰囲気やムードなど、何となく感じられることが場の性質を決める上で重要な意味を持つ。

木の建物や森林の中では気持ちが落ち着いたり、青い光の下では食欲が減退したり、といったように、我々を取り巻く環境が、認識に先立って人の心理や行動に影響を与えていることはもはや常識だ。

日本語には「腑に落ちない」「胸のすくような思い」「腹の据わった人」「断腸の思い」「奥歯に物が挟まったような言い方」等々、身体性を伴った言語表現が非常に豊富だが、このことは日本社会で強く場が意識されてきたことと無関係ではないように筆者は思う。

場が身体性を持つ以上、場の強みを積極的に活かすためにはいろいろな回路で場の情報を取り入れた方がよい。また、そのためには我々の視点が固定化されていたのではダメで、身体を動かすことも必要になるはずだ。

ちなみにネット上の対話空間でいじめや中傷がはびこり、共感が生まれにくいのはこのためではないだろうか。ネット空間では言語情報と画像情報については豊富で規制が効かない一方で、それ以外の情報は制約されている。このため、対話の主体が相互に対象化される一方で、ともに汗を流せばわだかまりも解ける、というような身体を介した場の共有は起こりにくい。

学校や企業等にメールでクレームが寄せられたときにも、深刻な場合には「メールだけでやりとりを続けようとせずに、直接会いに行け」とは、しばしば言われることだが、それは五感すべてを活用した場の共有の重要性を、我々が経験的に知っているからではないだろうか。

場の複層性

四つ目は場の複層性である。たとえばある虫や動物が生きている自然環境は、その生命をはぐくむ場であると同時に、その場自体が地勢環境や気候環境といった、よりマクロな場のあり方に制約されて成り立っている。また、我々の身体という場の中で各器官は成り立っており、また各器官という場の中で細胞は活動している。植物の芽を摘み取るとそこから新たな芽がまた生えてくるのは、切り取られた断面の細胞がその細胞を取り巻く場の状態を関知してそれに反応しているからである。

そしてある個体生命は気候や地勢などの地理的環境に規定されて存在するとともに、他の動植物等によって決まる生態的環境、空気の濃度や水質などの化学的環境にも規定されて存在しているといったように、同時にいくつもの場に規定されて存在している。

このように場は多くの場合「入れ籠構造」をつくりながら複合的・重層的に成立している。

子どもの場合に当てはめてみれば、一人ひとりの子どもはクラスという場の中に、クラスは学年の中に、学年は学校の中に、学校は地域の中に存在している。また、一人の子どもは学校、地域、遊び仲間、塾や習い事といったように、活動の中身や時間によっていくつもの場に存在していることになる。

だから学校の中では一児童生徒であるが、休み時間や放課後は友だち仲間の一人、家庭では子や孫といったように、人は異なった場それぞれに、いくつものペルソナ（仮面）をまとう必要がある。教員であれば、誰でも一度や二度は児童生徒の保護者から「家ではそんなことないのですが……」と言われた経験があるに違いない。

我々すべてが場の中で生きており、場と主体とは相互に規定し合う関係にあることを考えれば、行為が行われる場の性質によって演じる人格が異なるのはむしろ当然のことだ。

学校ではコワイと噂の生徒指導担当の先生が、家庭では娘にバカにされ妻の尻に敷かれるダメ親父だったり、児童生徒にとって憧れの的である才色兼備の先生が、家ではテレビの前のソファーから一歩も動かないグータラ主婦だったりしたとしても、全く驚くには当たらない。

場と日常

以上のように、場は生きた存在であり（能動性）、我々にはその一部しか見えていない（暗在性）が、そのメッセージは五感を通して伝わってくる（身体性）。そうした様々な場に制約されながらそれぞれの人が役を演じている（複層性）のが我々の日常であり、学校という世界である。ただしこのように、理詰めで考えずとも、場という文字の成り立ちでイメージしておくならば、これらの要素は大体包括して捉えることができるのではないだろうか。

場との関連で意思や行為を考えることは、我々の普段の生活を振り返ってみれば、取り立てて奇抜な発想ではない。むしろこうした場の発想は日本人の日常に染みついているからこそ、我々は場という言葉を多用しているのだが、学校教育のように人為的につくられた組織についで論じるときには、ついついこのことを忘れがちになってしまう。

けれども、学校の日常を振り返ってみれば、おおよそ場のあり方と無関係な活動はない。とすれば、場の視点を意図的に使って学校を考えてみることで、「学校づくり」という営みもこれまでとは少し異なった光の下で眺めることができるのではないだろうか。

Ⅰ－6　場のパラドクス

場のパラドクス

学校で様々な活動をしていくに際して、これまで述べてきたような場の働きを考慮するということは、程度の差こそあれ学校関係者であれば誰だってしていることだ。

だが、場の存在を意識して学校づくりをしていけば、それがうまく進む、というほど事は単純ではない。というのも、場とつき合っていくのには、次に述べるようにやっかいな課題に向き合っていかなければならないからだ。

しばしば学校におけるリーダーのあり方について語られることからこのことを考えてみよう。学校づくりのマネジメントについて、巷の雑誌や研修会などで強調されているリーダーシップ発揮のあり方は次のようなものだ。

学校を改善していくためには、学校とはどのようにあるべきか「教育の理想」を掲げ、そこに至るビジョンを示す必要がある。ただし、単に提示しただけで教員が嫌々それに従っていたのでは、そうした理想像も絵に描いた餅になってしまう。だから他の組織成員に対してその理念を説明し、説得して理念の浸透を図るべきである。そして、そのためには、リーダー自身が他の教員たちに心から尊敬されるだけの人格を備えていなければならない。リーダーが他の教職員から尊敬されて、はじめて学校改善ができるのだ。

このようなことを胸を張って言えるような人は、さぞかし立派な人格をお持ちの方なのだろう。筆者にはとても無理だ。だが、自らを人格者と自負しているようなリーダーによって、学校という場の「活き」は本当に高まっているだろうか？　理念の浸透によってまとめられた組織は、どこか窮屈なところがあるのではないだろうか。

というのも、自らが理想の学校を実現する明確な価値観やビジョンを持ち、自他ともにそれを疑うことがなければ、結果的に他の組織成員はそれに同調することが期待されることになるからだ。

組織成員から尊敬を集め、理念を浸透させようとするリーダーのもとでは、フォロワーはその理念に齟齬を来す意見を表明しづらくなり、やがては組織全体がリーダーと異なる思考方法を採用することを望まなくなっていく。「邪心」を抱くことがその人の組織内におけるポジションを危うくするからだ。そうした学校や教育委員会を筆者はこれまでいくつも目にしてきた。

もっとも、場を操作対象として思いどおりにする術に長けたリーダーは、ざわついた学校内を落ち着かせることには相応の効果があるかもしれない。しかし、こうしたリーダーが長期的・継続的に組織力を高め、自律的に活動できる組織をつくりあげていくとは考えにくい。影響力の強いリーダーがトップダウンで学校を変えた、というサクセスストーリーには、その人が転勤などで学校からいなくなった途端に学校が元の状態に戻ってしまったという後日談が加えられることがままある。

場という考え方の持ち味は、それが、リーダー自身の思惑をも超えて働くという点（暗在性）にある。場の働きを操作し自分の思いどおりにしようとすると、場の中にあるせっかくの多様性が失われて、結果組織の「活き」も失われていく。場の働きを活かすためには、自ら人格者を自負しているようなリーダーでは都合が悪いのだ。

では逆に、それまでにつくられてきた学校のあり方を大切にしていけば自然に場が活性化されていくかというと、そうではない。実は、組織の慣行に従順で空気を読みすぎるタイプのリーダーも、場を活かす視点からは遠い。上で述べたリーダー論よりも、おそらくいっそう学校現場に深く根付いているのは次のような考え方だ。

学校を改善していくためには、一人ひとりの教員の思いに寄り添い、何よりも協調性を大切にしていく必要がある。なぜなら学校は子どもたちに社会の中で生きていくことを教える場所なのだから。もし一人ひとりの教員が改善の必要性を自覚するならば、そのときには学校は自然に変わっていくだろう。だからリーダーはあまりでしゃばるものではない。あくまでも一人ひとりの教員を元気づけ、前向きに仕事ができるように条件を整備していく「縁の下の力持ち」に徹するべきだ。

このタイプのリーダーは総じて人柄も穏やかで、それゆえ他の教職員からも好かれているであろう。だが、こうした考え方を持つリーダーの下で実際に学校が大きく変わった、という例を筆者は知らない。自然状態のままで、教職員集団全体が改革の必要性を自覚することはきわめて稀であり、たとえ教職員の多くにその自覚があったとしても、それが具体的な組織的動きに結びつくことはさらに少ない。

というのも、学校という組織の中で何かを変えようと声を上げることは、それまでその分掌を担当してきた人の努力や、慣行を否定するかのような響きを持つことがあり、これを教職員たちが恐れるからだ。その結果、このタイプのリーダーが幅をきかせる学校現場では前例踏襲主義から抜け出すことができなくなる。

既存の学校のあり方を所与のものとして受け入れ、既存の学校内の慣行に埋没することは、学校という組織の「空気支配」に身をゆだねることを意味する。結果、学校がそれまでにつくりあげてきた仕組みから抜け出すことはますますむずかしくなる。組織の空気に染まりすぎたら改革はできない。

多くの学校におけるリーダーシップは、上に挙げた二つの状態のどちらか、またはその間の状態にあるのではないだろうか？

場を自分の思いどおりにしようとしたら場は「活き」を失うし、場にやみくもに従ってしまうと今度は主体が創造性を失う。これが「場のパラドクス」だ。

カルティベイト感覚

場を支配してもいけないし場に染まってもいけない。では場とはどうやってつき合ったらいいのか。筆者が提案したいのは、既存の場に働きかけ、場の動きを制約している様々な「しがらみ」を断ち切りながら、そこから何が生まれるかを注意深く観察し、その恩恵を頂戴していくという、「古くて新しい」場と人との関係のつくり方だ。

「古い」というのは、我々の場に対する実際の働きかけのあり方として、何一つとして新しいことはないという意味で古い。

子どもたちは新たな集団をつくるとき、はじめは仲間に溶け込もうと努力するが、居心地が悪くなったり飽きたりすれば、その関係を自分たちで少しずつ壊して新たな居場所づくりをする。教員であれば授業の中で児童生徒たちに答えのない問いを投げかけ、そこから児童生徒がどのような反応をしていくか注意深く観察・傾聴して、児童生徒の理解を深めていく。

「新しい」というのは、巷で喧伝される学校づくりの「正論」に対するものだ。「学校の使命を自覚し目標を定めて計画をつくり、それを着実に実行した上で検証・改善するプロセスの繰り返し以外の方法では、学校がよくなることはない」。今日の学校教育を支配しているのはこんな論調だ。実際にはそれ以外のやり方で改革している学校はいくらでもあるのだが……。こうして場に力点を置く学校づくりは「正論」から外されてしまったので、その技も研究されることは少なくなり、学校内で人から人へとそこはかとなく伝えられるしかなくなった。

この、場に働きかけてかたちを変えていく感覚を「カルティベイト感覚」と呼ぶことにしよう。「カルティベイト」とは「耕す」という意味だ。そもそも人間が、自分の影響力で支配することのできない環境と向き合い、それと共存していかなければならないときには、こうした場に対する働きかけが繰り返し行われてきたはずだ。土を棒でつついてかき回し、柔らかくなった土からどんな芽が出てくるかを観察し、うまくいけばその行為を拡大していく。そんなふうにして人類はきっと耕作を始めたに違いない。

「カルティベイト感覚」という言葉を、ここでは「マネジメント感覚」と対比して使用する。学校教育には目標を設定して計画的・組織的にこれを達成していく働きが近年とくに強調されつつあり、この意識はしばしば「マネジメント感覚」と呼ばれる。一方で、「カルティベイト感覚」とは場に働きかけることで、これを活性化して、そこから生まれる芽を利用することでよりよい現実の姿を引き出していこうとする意識だ。

マネジメント感覚とカルティベイト感覚とのイメージの違いを図にすると、大体**図Ⅰ－2**の

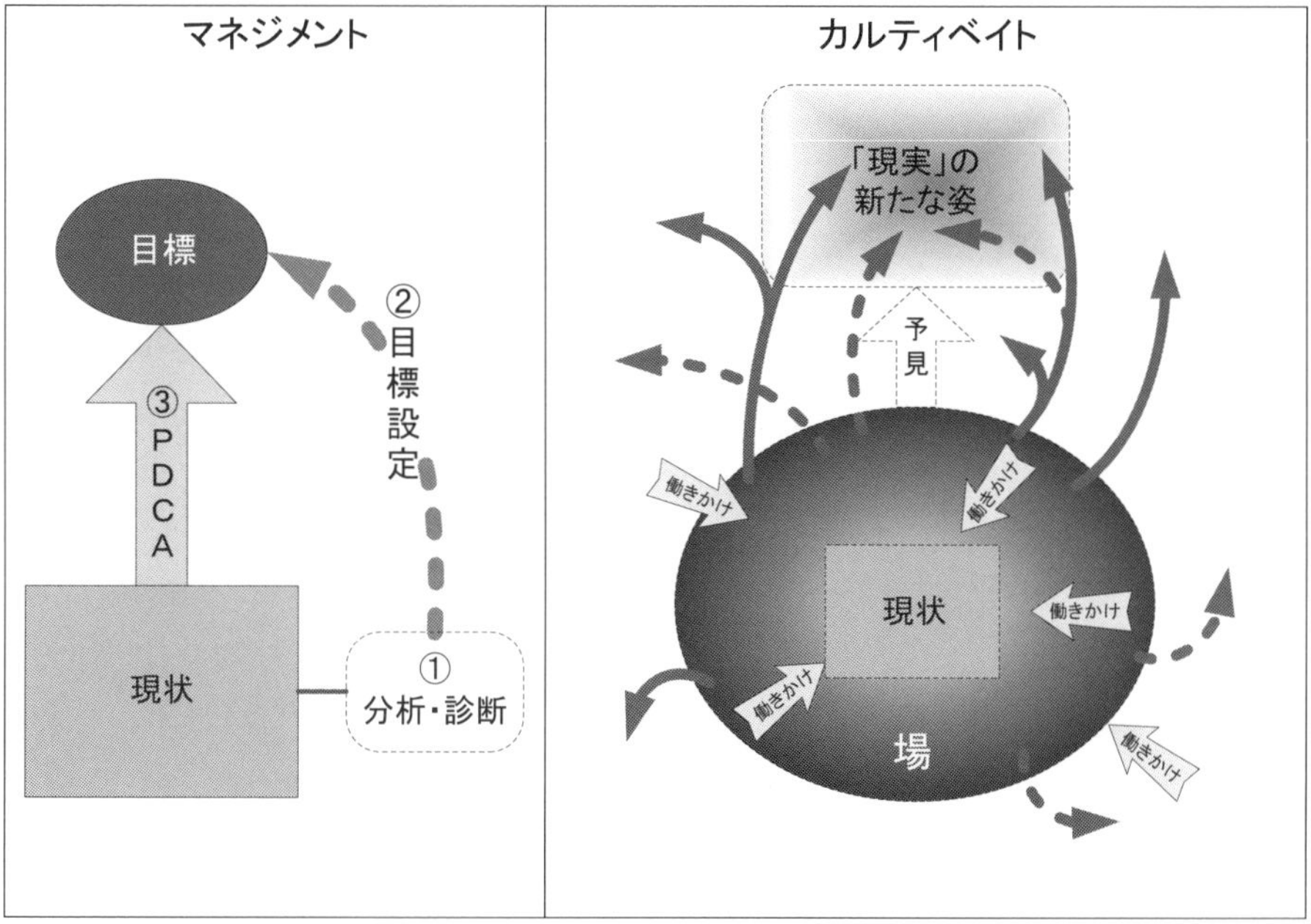

図Ⅰ－２　マネジメント感覚とカルティベイト感覚

ようなものになるだろう。

本書では、そのテーマからしてカルティベイト感覚に軸足をおいて学校改善のアイデアを披露するが、このことは決してマネジメント感覚が不要であると言っているのでもなければ、カルティベイト感覚がマネジメント感覚に比して相対的に重要であると主張しているわけでもない。

むしろ今日最も必要とされているのは、両者の望ましい関係のつくり方だ。「学校という場のカルティベイトを行いながらその果実をうまくマネジメントに援用していくのには、どのような手立てがあるのか？」「マネジメントを実施するプロセスの中で、学校という場はどのように変化していくのか？」こうした議論が今日の学校づくり論には決定的に欠けている。

I－7　なぜ「ならず者」か

なぜ「ならず者」か

それでは、場を活かして学校を変えていくことができるのは、どのような人だろうか？

場の働きを活用していくためには、まず組織内の行為や出来事が場を前提として成り立っていることを意識する必要がある。場の働きは自らの思考を超えており、自分の行動や存在が場に依存していることを自覚して初めて、「場を操作する」という発想から踏み出すことができる。しかし単に場に染まり、学校という組織の中に埋没しているだけでは何も変えることはできない。

カルティベイトすることは場の自然に逆らうことでもある。人が土に鍬を入れて地面を耕すとき、これを地面の側から見たならばチクチクとヒット・アンド・アウェーが繰り返されていることになる。土の中ではきっと、罪もない虫が殺されたり根っ子が断ち切られたりしているに違いない。だが、それによって固まった土が柔らかくなり、空気が入って新たな生命活動が生まれやすくなっているはずだ。場を部分的に壊すことで場の「活き」を引き出す働きがカルティベイトである。カルティベイトするためには、場の働きに敬意をはらう一方で、場に手を加えようとする厚かましさも持っていなければならないのだ。

そこで「ならず者」である。「ならず者」の教師というと、学園ドラマによく登場するような破天荒な教師をイメージする向きも多いかと思うが、ここで提示したい教師像はそのようなものではない。

ここでいう「ならず者」とは、自分の正しさを疑いながらも他者や対象に働きかけようとする人のことだ。それは自分が子どもにとってのあるべき教育など分からないということを自覚しながら、それでも児童生徒や他の教職員に働きかけて学校を変えようとする、自己の中に二重性を持つ（ことを自覚している）教師のことである。だから、より正確には「自称ならず者」である。

世間から「ならず者」と言われる存在は、当該社会に依存して生きているにもかかわらず、同時に世間から疎まれる存在でもある。しかし、既成の社会のあり方に染まりきっていないので、社会の日常から一歩離れたところから社会のあり方に一石を投じることができる。

同じように、教師も自らの中にある二重性を自覚して開き直れば、学校を変える力になりうると考えられる。ここでの試みは学校の内外にある矛盾や偶然性、学校にとって課題とみなされていた事象や教職員自身が持っているジレンマ等をうまく活かして学校を変えていく手立てを考えてみることだ。

「ならず者」リーダー

マネジメント感覚とカルティベイト感覚を調和させようと思ったら、一方で理想を語り、ビジョンを描きながらも、場の動きは主体にとっては一部しか見えていないということに自覚的である必要がある。学校のあるべき理想像を描き、ビジョンを提示して教職員や地域住民に学校が変わっていく道筋を示していく一方で、学校のあり方次第でそのビジョンも変化していく可能性を意識しておかなければならない。

また、自分に確信が持てなくとも、何となくいい芽が出そうなことをいろいろと他の教職員にもさせてみることも必要だろう。そしてそこから改善の方向がうまく出てきたら、それを使って学校をよりよいものに変えていけるのではないか、という下心も併せ持っている必要がある。

学校の活動で考えれば、それは何が起こるか分からないけれど、何となくよいことが起こりそうな働きかけを、学校という組織に対して加えていく一方で、それなりに成果は出ているけれど、なくてもそれほど困らないものを削っていくということでもある。

さて、このようにして学校の日常にゆらぎを起こそうとすれば、現在の学校に安住している教職員たちからは煙たがられるかもしれないし、既存の学校文化に適応することでアイデンティティを保ってきたベテラン教職員たちの目には傲慢に映るかもしれない。しかも、それによってどのように学校がよくなっていくか、明確なエビデンスや確固たるシナリオがあってやっているわけではないのだからなおさらだ。

だが人の成長や教育とは、もともと正解のない営みであると筆者は考えている。正解のない課題に対して、学校という公的な組織が計画的に対応していくのだから、当然そこには矛盾が生じる。どうせどこかに矛盾が生じるなら、あなた自身が矛盾してしまうのが一番手っ取り早いのではないだろうか？　それが子どもたちが未来を拓く助けとなるのなら、周囲からちょっと嫌われてもいいではないか！

〈注〉

(1) 澤泉重一『偶然からモノを見つけ出す能力――「セレンディピティ」の活かし方』角川書店、２００２年
(2) リチャード・ワイズマン『運のいい人、悪い人　運を鍛える四つの法則』角川書店、２００４年
(3) Kathleen E.Mitchell, Al S.Levin, & John D.Krumboltz,"Planned Happenstance:Constructing Unexpected Career Opportunities,"*Journal of Counseling & Development*, 1999.
Ｊ・Ｄ・クランボルツ、Ａ・Ｓ・レヴィン『その幸運は偶然ではないんです！』ダイヤモンド社、２００５年
(4) 清水博『新版　生命と場所　創造する生命の原理』ＮＴＴ出版、１９９９年
(5) 清水博編著『場と共創』ＮＴＴ出版、２０００年
(6) 野中郁次郎、紺野登『知識経営のすすめ――ナレッジマネジメントとその時代』筑摩書房、１９９９年
(7) 野中郁次郎『知識創造の経営　日本企業のエピステモロジー』日本経済新聞社、１９９０年
(8) 中村雄二郎『場所《トポス》』弘文堂、１９８９年
(9) クルト・レヴィン『社会科学における場の理論』誠信書房、１９５６年
(10) 佐々木正人『アフォーダンス――新しい認知の理論』岩波書店、１９９４年
(11) 福岡伸一『動的平衡　生命はなぜそこに宿るのか』木楽舎、２００９年

第Ⅱ部　足がかり　food for action

Ⅱ－1　場を活かす術

場を活かすのが得意な教員

学校づくりには目標を設定して計画的・組織的にこれを達成していく側面と、活動しながら可能性や課題を見つけ、それらを活かしていく側面とがあり、ここではこれらそれぞれの側面を活かしていく感覚を、「マネジメント感覚」「カルティベイト感覚」と呼んできた。

今日学校づくりというと、とかくマネジメントが強調されるが、それは、これまでの日本の学校には、本書の言う場の働きに無頓着であったことを意味するものなのだろうか？

そんなことはない。教員であれば、誰しも学級という場を温かくともに育つ環境に育てるよう、常に気を配ってきた。「協働」「同僚性」「学び舎」「共同体」「絆」といった学校現場で好まれるキーワードは、こうした日本の学校のメンタリティを象徴するものだ。

また校長をはじめとする学校管理職は、教職員間の風通しをよくし、職場環境をより居心地のよいものにして、お互いを尊重して前向きに仕事ができる雰囲気をつくるよう、心を砕いてきた。現在の学校管理職のほとんどは、教員として長く教壇に立ってきた方々なので、当然と言えば当然なのだが、マネジメントの考え方を形式的に導入すれば、それで学校がよくなっていくなどと安直に考えている人はほとんどいないだろう。

一方でマネジメントは、というと、それはそれとして行われている。各学校では年間教育計画や経営計画が作成されてすべての教職員に配付されているし、毎年学校評価も行っている。各学校のウェブサイトをのぞいてみれば、たいていはその学校のグランドデザインやマニフェストが掲げられている。

ただし、それが教職員の日々の教育活動の中で実際に活かされているかといえば、ほとんどの学校でそうはなっていない。マネジメントはマネジメントとして、教職員の日常とは別の文脈で動いている。これを疑うなら、身近な学校の先生方に、実際に自分の校長の示した経営計画を、自分の授業や学級経営の中にどのように活かしてみたか尋ねてみるといいだろう。たいていはお茶を濁したような回答しか返ってこないはずだ。

筆者は教員を対象とする研修や講習の折に、「自校の学校教育目標をそらで言えますか？」とときどき尋ねてみている。もう数千人には訊いたと思うが、多くの場合、自校の学校教育目標を記憶している教員は3割以下、半分の教員が憶えていればいい方だ。達成すべき組織の目標を憶えていなければ、マネジメントもへったくれもない。

マネジメントとカルティベイトは別に二項対立的な概念ではない。望ましいのはマネジメントとカルティベイトとを有機的に組み合わせて、学校を進化する組織へと変えていくことだ。

だが現在の多くの学校では、そうなってはいない。現在のところ学校の中ではマネジメント感覚とカルティベイト感覚は、家庭内離婚のような奇妙な同居状態にあると言えるのではないだろうか。

これはある意味無理からぬことでもある。というのもすでに述べたように、そこには「場のパラドクス」が立ちはだかっているため、学校という場を操作しようとすれば、それは「活き」を失って組織の創造性を発揮できなくなり、個々の教職員の自発性に頼るのみでは、変化のベクトルを見失って自閉的な改善に終始する結果になる可能性が高いからである。

現在の学校に欠けているのは、場の働きを、それぞれの教職員個人単位ではなく、学校という組織単位で活かし、学校を変革する力に変えていく働きだ。日本の学校風土の中では、もともとカルティベイト感覚が非常に大切にされてきたので、その手立てさえ見えればこのことは不可能ではないはずだ。

場を活かす術

さて、本書でいう「場を活かす」働きかけには、学校という「場を活性化させる」という面と、学校の諸活動の中で「場を活用する」という面がある。

本編でこれから紹介するのは、筆者と同様に不十分な資質しか持ち合わせていない普通の教師が、他力本願で学校を変えていく術である。自らの力の限界を知りつつも、場の力を借りて時代の変化や社会の要求にもそれなりに応答しながら、学校を子どもの成長によりよく貢献していけるような場所に変えていくにはどうしたらよいか？　その手立てを考えるためのヒントについて以下では述べようと思う。

ただし、次の点についてはあらかじめ肝に銘じておいてほしい。

それは、これから紹介するのは、学校を変えていくための足がかりとなるヒントであり、それらをどう使うか（または使わないか）については、実際にこれを使う人の判断にゆだねられているということである。

いわゆる学校づくりのノウハウとして巷で紹介されているものはたいてい、どこで・誰が・どう使うか、ということをある程度は想定して開発されているものだ。だが、状況を固定化して考えれば、それだけ思考の幅は制約される。一方で筆者は、この制約を取り払うことによってこそ、柔軟な学校づくりが可能となると考えている。

だから以下に述べる様々な学校づくりのヒントは、誰にでも、そしていろいろな場面で取り入れて応用してみることができるかわりに、うまくいくという確証はない。

場を活かすとは、そもそも動きの読めないものを活用しようという発想なので、ある公式に従えばすべての学校が革新できるような万能薬などであろうはずもない。

これから述べるのは正攻法だけではうまくいかない学校改革の課題に現場で立ち向かうためのゲリラ戦術の紹介であり、これらの方法が功を奏するかどうかは実際にやってみる者の力と運にかかっている。
すすめはするが責任はとらない。何せ「ならず者」なので。

Ⅱ－2 「野生の思考」で切りぬけろ

ブリコラージュ

場は我々の仕事や生活に様々なチャンスやツールを与えてくれるが、それはこちらが期待したとおりのものであるとは限らない。むしろそうではないことの方が多いはずだ。だから場のポテンシャルを活かしていくには柔軟な発想が必要だ。

文化人類学者のレヴィ・ストロースは著書『野生の思考(1)』の中で、木の端切れや余り物などを使って、その本来の用途とは関係なく、当面の必要性に役立つ道具をつくり出す行為が世界中の前近代社会に広く見られることを紹介し、これを近代以降のエンジニアリングにみられる「栽培された思考」と対比して「ブリコラージュ」と呼んだ。ブリコラージュ（Bricolage）とは、フランス語で「繕う」「ごまかす」を意味する動詞“Bricoler”に由来する言葉だ。

自然環境の中には人間の期待する規格どおりにつくられたものは何もないから、環境に適応して生き抜いていくためには、その中で生きる人間の側が自然に合わせていかなければならない。だから前近代社会ではブリコラージュが発達する。だがブリコラージュは、何も前近代社会の専売特許ではない。程度の差こそあれ、ブリコラージュの発想は我々の生活の至るところに顔をのぞかせている。

栽培された思考とブリコラージュとの違いを料理にたとえてみよう。夕飯のおかずをつくるのに、料理本を見て材料を買いそろえ、レシピどおりにつくるのが「栽培された思考」であるとするならば、「ブリコラージュ」は冷蔵庫の中のあり合わせの食材をかき集めて何かできないか考え、味を見ながら手を加えていって料理を完成にこぎつけるやり方だ。失敗が少なく予想どおりの出来映えになる確率が高いのは前者だが、資源効率がよく、やっていておもしろいのは後者の方であろう。

学校という組織で、場の不確実性を活かしていくにはこの発想が不可欠だ。特定の期待に固執して場の恩恵を待っていても、そのとおりの結果がもたらされることは滅多にない。我々の多くが経験したところによれば、理想のパートナーの条件を思い描いて待っていても、そのとおりの人が自分の目の前に現れたことは終ぞなかったのではないだろうか。そのかわり理想どおりでなかった相手に自分の方から合わせていくことはできたはずだし、「理想どおりでなかったからこそよかった」ということはもっとたくさんあったはずだ。

だから学校のように雑多な人や要素の集まる場の中には、自分が今見えているもの以外にもたくさんのチャンスが隠れていると想像してみるならば、ちょうどその想像力の分だけ可能性は広がっていくに違いない。学校で問題が起こったり、何らかの課題に対処しなければならくなったようなときに、現場に備わっているあり合わせの要素をうまく組み合わせたり、修正したりして工夫を加えていけば、たいていのことは何とかなるものではないだろうか？

組み合わせで切りぬける

たとえばこんなことがある。学級の担任としてどのようにクラスを学習集団としてまとめあげていくか、という課題は、多くの教員がはじめに直面するハードルだ。とくに肉体的にも精神的にも不安定になる中学生の担任はむずかしい。生徒の規律を正して厳しく指導する父性的な側面と、温かく包み込み悩みや苦しみを分かち合う母性的な側面との双方が求められるからだ。もちろんその双方を兼ね備え、必要に応じて時には厳しく指導し、時に温かく包み込むことができるのが生徒から信頼される理想の教師像であることは間違いないだろう。

しかし、こうした「両刀遣い」が常にできる教員は、実はベテランであってもそう多くはない。総じて言えば生徒から見る学校の先生は、厳しいけれどもちょっと怖くて近づきがたいタイプの先生、優しいけれどメリハリに欠けて何となく頼りないタイプの先生、そしてその間のどっちつかずのタイプの先生のどれかであることが多いだろう。

そんなときは、両方の役を一人で担うのではなく、役割を分けてタッグを組んで学級づくりに当たっていくということが考えられる。担任と副担任、ティーム・ティーチングのペアなどのかたちで異なった役割を演じるのだ。そうすると生徒の視点から見れば、自分を受け入れてくれる相談に乗ってくれる先生と、叱って突き放してくれる先生とが一応は身近にいることになる。学校組織の視点からは、指導の一体性が確保されてない、ということになるのかもしれないが、理想の教師を演じようと無理をした挙句どちらも中途半端になるよりは、こちらの方が余程いいのではないだろうか？

同じようにキャラクターの違いを使って力量を補完し合うという考え方はいろいろなところで使うことができる。競技の技量に長けた部活動の支援員と生徒をまとめるのがうまい顧問教諭、事務処理に優れた教頭とリーダーシップに長けた校長（あるいはその逆）、といった具合にバランスをとるのだ。

ある教育委員会で聞いた話だが、民間人校長（教員を経験せずに、企業等の経験を活かして採用される校長）を採用して配置する際には、必ず実務に長けていてバランスのとれた教頭とペアにして配置するという。一方が改革をつかさどり、他方が円滑運営をつかさどるという仕組みだ。

迂回路で切りぬける

正面突破では活路が見出せないようなときに、迂回路を使うことで切り抜けるという方法もある。たとえば不登校児童生徒への対応である。不登校状態にあるとされる児童生徒の割合は、1990年頃から2000年までの間に2倍強に増加し、それ以降は大体横ばいの状態が続いている。

不登校という現象について近年しばしば指摘されているのが、いじめや教員の指導上の不手際などの原因がはっきりしない不登校の増加だ。不登校の増加現象は、ミクロな目で見れば、児童生徒個人の問題であったり、家庭環境の問題であったり、学校の指導体制の問題であったりするだろうが、よりマクロな視点からみれば、社会の教育ニーズの多様化と画一的に運用されている学校制度との乖離と解釈することもできる。ミクロな目では因果関係がはっきりとしないような場合には、より俯瞰して事態の推移を見てみるのも一つの手だ。

学校や教育委員会はもちろん努力している。学校評価や教育委員会の点検評価が行われる際、不登校児童生徒数が生徒指導充実度を測る一つの指標とされることも多いので、多くの自治体では不登校状態にある児童生徒のための学校復帰プログラムが組まれ、組織的に対応がなされるようになってきた。

近年の不登校状態にある児童・生徒数が、年度による凹凸はあっても大体横ばいの状態にあるのは、社会の多様化による学校と児童生徒個人のニーズとのミスマッチの可能性の潜在的増加と、学校や教育委員会の取り組みの効果とが平衡状態にあるということなのではないかと筆者は見ている。

さて、不登校児童生徒数は**図Ⅱ－1**のように学年が上がるにつれて増加していく。一般に小6から中1に上がる際に急激にその数が増加することが指摘されていて、これが「中1ギャッ

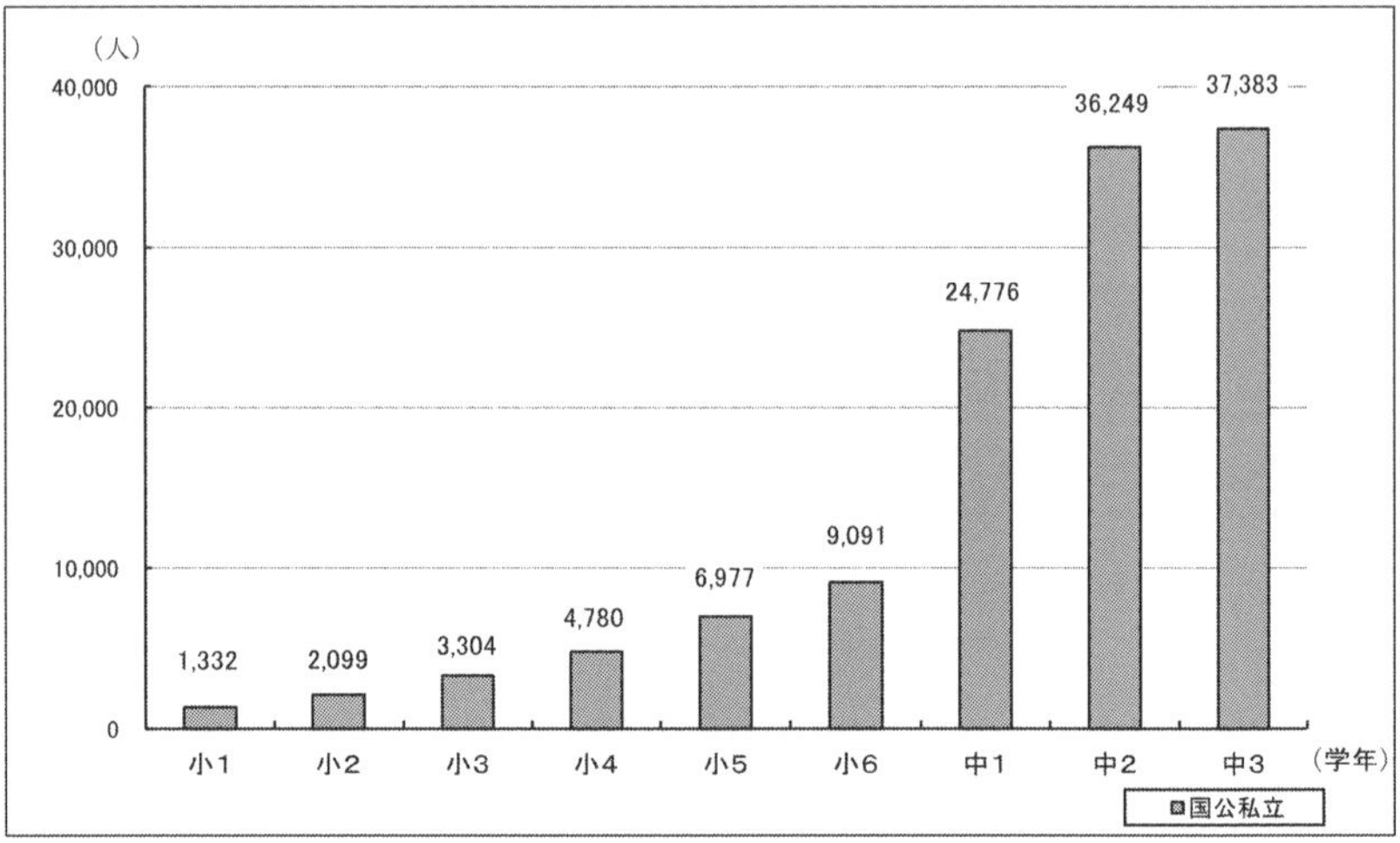

図Ⅱ－1　学年別不登校児童生徒数（平成27年度「児童生徒の問題行動等生徒指導上の諸問題に関する調査」 平成29年2月28日、文部科学省）

プ」と呼ばれて小学校と中学校の連携が叫ばれる背景の一つとなっている。

しかし実際には、中1がピークなのではなく、中1から中3にかけても、さらに3割以上不登校状態にある生徒数は増加している。ところが、ほとんどの学校や教育委員会で、不登校現象への対応として行われているのはあくまでも「いかにして学校に復帰させるか」という指導・支援なのである。

だが、当の子どもの側に立ってみれば、もともと学校という場との相性が悪いから、学校に行きたくなくなるのだ。そうした子どもを学校に戻そうとするばかりが考えられる対応ではないのではないか。現実的には、学年段階が上がるにつれて「学校に復帰させること」よりも「その後の活路を切り拓く」ことの方が、少なくともその子どもにとっては重要になってくるはずである。

不登校に関連しては、教育委員会の管轄する適応指導教室の他にも、様々なフリースクールやＮＰＯ、親の会や不登校児童生徒を支援する大学生のボランティアなど、様々な組織・団体が不登校児童生徒への支援のために多くの地域で活動している。そして、学校以外の場所に成長の機会を見つけた場合でも、校長の判断一つで指導要録上出席扱いにすることもできるのだ。さらに高校段階まで行けば、通信制高校や定時制高校、単位制高校、高校卒業程度認定試験と、学習や学歴獲得のオプションはより広がっていく。

「迂回路で切りぬける」という手立てが使えるのは、不登校に限ったことではない。学級崩壊、教職員間の不和、保護者とのトラブル等々、時間が経過することで自然に問題の位相が変化していくことが予想されるようなことが学校にはけっこうあるはずだ。スタンダードな方法だけでは活路を開けないようなときには、「迂回路を探す」という発想を、学校現場でももっと積極的に取り入れてみてもよいのではないだろうか？

ダブルスタンダードで切りぬける

学校は教育をするところだが、教育は学校だけで行われるものではない。子どもの成長の場は家庭・学校・地域のすべてにまたがっており、子どもは様々な場を行き来する中で育っていく。

社会が多様化していけば、当然学校は様々な背景を持つ子どもに対応していかなければならなくなるが、何でもかんでも引き受けていたら学校はパンクしてしまう。だから公教育を組織する側は学校と家庭・地域それぞれの教育責任について、自覚を促していかなければならない。時には「そこまでは学校ではできません。家庭の責任です」と、はっきりと表現する必要も出てくるはずだ。

だが、そうした「毅然とした対応」によって犠牲になるのは、実は教育環境に恵まれていない家庭の子どもである場合が多いのではないだろうか？　なぜなら保護者が子育てに割く時間や労力にゆとりのない生活環境におかれている場合ほど、子どもが基本的生活習慣を身につける機会を逸する可能性は高いからだ。

だから保護者の自覚を高め、家庭の責任を自覚してもらうというのは正論だが、本当に支援を必要としているような子どもの保護者は、地域の集まりにも学校での面談にも消極的である場合が多い。

ではどうするか？　限られた人的資源で増え続ける教育ニーズに対応していくためには、学校はダブルスタンダードでいくしかない。一方で「基本的な生活習慣を身につけさせるのは家庭の責任です」と言いながらも、それでも網の目から漏れる児童生徒に対しては、そっと後ろから手を貸してサポートしていくのだ。

家庭環境が多様化し、特別な支援を必要とする児童生徒の割合も増加しつつある今日、「あたたかいダブルスタンダード」を学校の中で使わなければならない場面は、きっと増えているはずだ。

代替技術で切りぬける

教育活動を進めていく上で不足している資源を、他の資源で補完するという発想は、人についてだけではなく、技術やモノについても当てはまる。私事になるが、筆者は字があまりうまくない。自分の書いたメモが読めなくなってよくイライラするし、自分が黒板に書いた字を見るのがいやなので、黒板はあまり使わない。学校教員や教員志望の大学生を教える者にとって、板書が満足にできないというのはかなりのハンデであることは間違いない。率先垂範という日本の伝統的な後進育成方法はこの部分についてはほぼ不可能だ。

しかし、板書から逃げてきた分だけ、学生にいろいろ書かせる技は磨かれた。「考える授業」というふれこみで、資料やワークシートを工夫したり、グループワークやディスカッションを取り入れたりして演習を企画することについては、たいていの大学教員よりうまくなった。大学の授業はただでさえ講義型の授業が多く、目新しく映るせいか、幸いどの授業も学生にはけっこう好評だ。それでもどうしても文字にして憶えてもらわなければならないこともあるが、それはパワーポイントでつくるかプリントにしておけばよい。このやり方で教壇を降りる時まで逃げ切るつもりだ。

同類のことは、程度の差こそあれほとんどの教員にも当てはまるはずだ。表情の暗い教員、滑舌の悪い教員、児童生徒の名前を覚えるのが苦手な教員、教室の空気を一気に冷ますだじゃれを本能的に連発してしまう教員等々。人間である以上誰でも弱点はあるだろうが、弱点をなくすことを考えるよりも、うまく弱点をカバーする技術を身につけた方が問題解決の近道になることが多いのではないだろうか。

マニュアル思考の罠

以上のようにブリコラージュとは完璧を求めることに見切りをつけて、あり合わせのもので「切りぬける」発想だ。それは、求めたい結果から逆算して手段を見つけていく思考方法だが、学校という世界では総じてブリコラージュはあまり好まれない。

それは、学校教育においては何よりも「型」が重視されるからだ。子どもの学習はまねることから始まり、学習指導要領に示された手順に従って児童生徒を導いていくためには、その一つひとつのプロセスを着実に踏んでいく必要がある。加えて、日本の学校ではとくに児童・生徒間や教職員間の足並みをそろえることが重視され、足並みをそろえるためには手段を共有しておかなければならないという事情もある。

型の追求は教育にとって一定程度は不可欠であり、悪いものではない。だが、型の追求のみに教職員の行動が支配されていくにつれ、教職員自身が「マニュアル思考」から抜けだせなくなっていく可能性がある。ここで言う「マニュアル思考」とは、モデルを求めてそれに倣うことで意図的に目的と手立ての関係を画一化していく思考パターンのことだ。マニュアル思考は人の視野を狭めるのと引き替えに、まさにそのことによって、そこで行動する人たちに一種の安心感を与える。

ちょっと大きな書店に足を運んでみれば、授業アイデアから校長講話に至るまで、多種多様な教職員向けのマニュアル本が、ずらりと並んでいるのを目にすることができるだろう。このことは学校という職場が不安定になりつつあり、教職員の不安感が大きくなってきているということの裏返しと言えるのではないだろうか。

しかし本当は、環境が不安定になり、見通しが悪くなってきているような時ほど、思考を柔軟化して多様な活路を見出せるようにしていく必要があるのではないだろうか。今日の学校においてこそ「野生の思考」が求められているのだ。

Ⅱ－3　七輪の法則

「七輪の法則」とは

「教職員一同、心を一つにして取り組む」「全校一丸となって問題に対処する」といったキャッチフレーズはどの学校でも好んで使われる言葉だ。これらの言葉は、かけ声としては美しいが、たいていは美しいかけ声のままで終わる。というのも、これらのかけ声は今日の学校の日常の現実を反映していない場合が多いからだ。

学校という組織では、授業や学級経営をはじめとするほとんどの活動において、一人ひとりの教職員によって個別に職務が遂行される。このことは、児童生徒の教育という、予測が困難で、日々生じる様々な課題に自律的に対応していく必要のある仕事の性質を考えれば、ごく自然な姿であると言えるだろう。

そしてこうした職務環境の中で仕事をしていくため、現場経験の中で自分自身の授業や学級運営のやり方を見出し、半ば個別に職務スタイルを確立していくのが大多数の教職員の職能成長の仕方だ。だから一般論として言うならば、ベテランであるほどに自分の型を変えることには抵抗がある。このことはある程度は仕方のないことだ。仕事内容も持ち味もバラバラなのに心だけ一つにしようとしても、それは無理な相談だし、下手をすればその弊害の方が大きくなるだろう。

ただ、この教職員の職務遂行や職能成長の特性は、学校が組織として変革が求められたり、何か新たな取り組みを始めたりしなければならないような場合には支障となるケースが少なくない。「学校が市の研究指定を受けて研究主任は一所懸命だが、他の教員はどうも盛り上がっていない」「学校運営協議会が設置されてコミュニティ・スクールになったのだけれども、対応はほとんど管理職がやっていて他の教員は一体何が変わったのかほとんど知らない」等々。校長は学校全体で取り組む雰囲気を盛り上げるため、職員会議で呼びかけるが、どうも反応が鈍く「暖簾《のれん》に腕押し」状態が続いている。新たな取り組みにチャレンジしている学校では、多かれ少なかれこんな現実を抱えているのではないだろうか?

そんなときに参考になるのが、次に紹介する「七輪の法則」である。「七輪」とは、もちろん、あの焼き肉をするときにつかう七輪のことで、「七輪の法則」とは筆者の造語だ。七輪は、すり鉢状の耐熱性の強い容器に下から風が送られるだけの一見単純な道具だが、観察してみるとこれが非常に合理的にできているのだ。**図Ⅱ－2**を参考にしながら読んでほしい。

昔は七輪に火をおこすときには、藁を上に乗せて下からあぶったりしていたようだが、いまでは火おこしで下からコンロであぶって炭に火をつけてしまうのが手っ取り早い。火おこしで

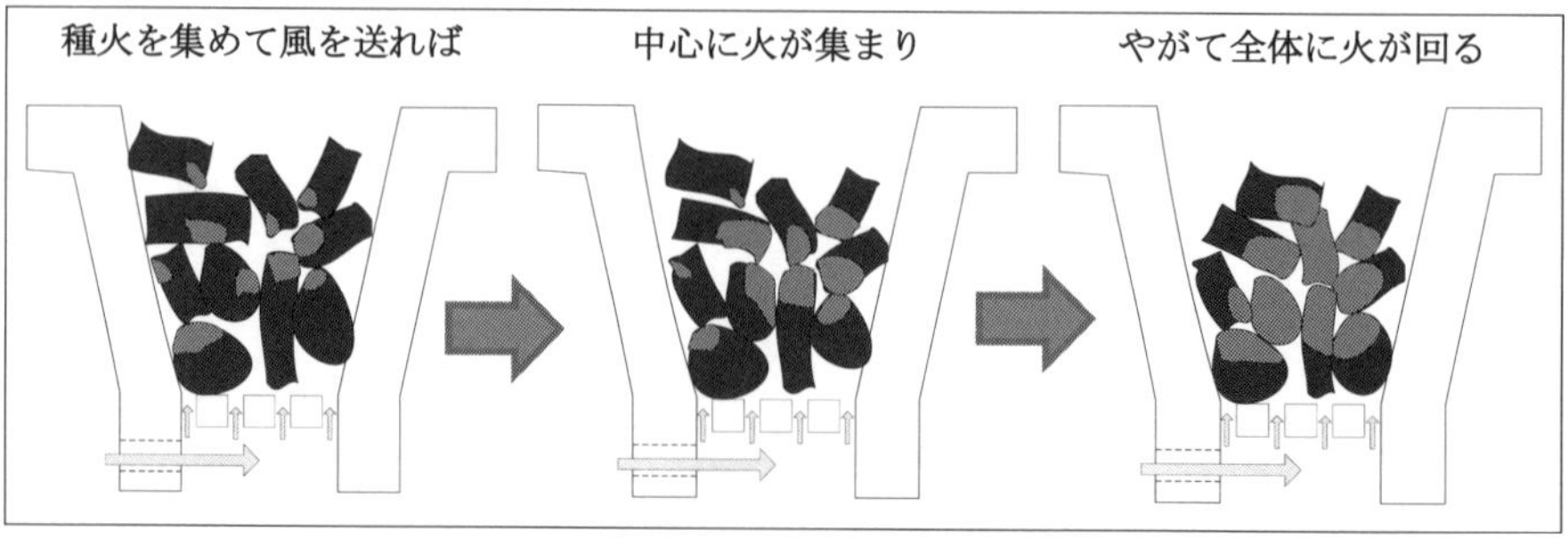

図Ⅱ－２　七輪の法則

ある程度種火がついたら七輪に炭を移すが、素早く火が広がるようにするためには、できるだけ火のついた部分を近くに寄せて炭を置き、その後はあまりいじらないようにするのがコツだ。すると火のついた炭同士は相互に熱し合い、下から風が送られるので火はどんどん広がっていく。一方で火の中心からはなれたところに置かれた炭の火は小さくなって消えてしまうこともあるけれど、それはしょうがない。

一度火がまわって炎が出始めたならしめたものだ。後は放っておいても、火は七輪内に自然に広がっていく。火が強すぎる場合などは下から送る空気の量を調節すれば、簡単に火力調整もできる。そして七輪の容器は内部がすり鉢状になっているので、まだ火のついていない炭も自然に底に集まり、最後まで燃やすことができる。

学校組織の改善と「七輪の法則」

学校という組織についても、多くの場合これと同じようなことが当てはまるはずだ。何かの取り組みを学校として始めようとする場合、校内を一斉に盛り上げようとしても、ただでさえ多忙に悩まされている学校のこと、なかなかうまくはいかない。そんなときに、全体をなんとか盛り上げようと腐心するかわりに、元気がよくて心の熱い教職員が集まれる機会をつくることから考え始めてもいいのではないだろうか。企画委員会や運営委員会といった校務分掌組織をこれに充ててもいいし、「〇〇ワーキンググループ」というように期間限定のタスクフォースをつくってもいいだろう。

そしてその小集団に課題を託して、どのように活動を展開していくか、そのプロセスや内容を検討して実践に移していく校内の核組織として位置づけた上で、そこに支援の風を送るのだ。

支援といっても活動の中身についてあれこれ手助けをするということではない。中身に口を出すのは、困っているときや活動が変な方向に動いていったときくらいでいいかもしれない。必要なのはむしろ場を盛り上げるための支援だ。職員会議や全校集会などの際に託した思いを伝えてもいいし、話し合いの場にときどき差し入れをしたりするだけでもいい。そうすれば少なくともその小集団の会合は盛り上がって学校の中に活気のある場が生まれるだろう。

ただし、この小集団を他の教職員集団から孤立させてはいけない。「七輪の法則」をうまく働かせるためには、他の教職員が徐々にそこに集まり、関係することのできる仕掛けを考えておくことだ。定期的に参加希望者を募ったり、メンバーを拡大したり入れ替えたりしながら、取り組みを学校全体のものとなるように意識を移していく工夫をする必要がある。そうすれば、やがて学校全体の取り組みに広げていくことができる。

その際、学校内のセクショナリズムには要注意だ。この活動は「ある学年の取り組み」、または「ある教科の取り組み」といったように、暗黙のラベルが貼られてしまうと、他の教職員はむしろ冷めていき、それを学校全体の取り組みに広げていくのは至難の業となる。

七輪の中に仕切りをつくってはいけない。

小中一貫教育のヒント

近年急速に広がりつつある小中一貫教育は、「七輪の法則」が当てはまりやすい課題の一つだ。発達加速現象への対応や、中一ギャップの解消といった従来からのニーズに加えて、小学校での外国語活動やキャリア教育など、小学校と中学校の間の緊密な連携を必要とする課題によって、小中一貫教育のニーズは拡大している。加えて小中学校の施設一体化への思惑がこれを背後で後押ししている。

ところが、文部科学省の調査によれば小中一貫教育のこれまでの取り組みの総合的な評価としてほとんどの市区町村で成果が認識されている一方で、課題を認識している市区町村も77%にのぼる（「大きな課題が認められる」「課題が認められる」の合計。文部科学省「小中一貫教育等についての実態調査」２０１５年２月）。

筆者は仕事柄、多くの学校での小中一貫教育の取り組みにかかわってきたが、教職員も地域も児童生徒もその実践に浴している学校区もある一方で、かたちだけの連携にとどまっている学校区も少なくない。というのも小学校と中学校の物理的な距離や接続関係、時間的余裕の問題に加えて、小学校と中学校とでは組織の文化が相当に異なっているのだ。児童の自発性を大切にする小学校教員と、メリハリのある生徒指導を重視する中学校教員とで「そりが合わない」という場合も少なからずある。一方で、年に数回の児童生徒同士の交流や合同研修の機会が教職員の楽しみになっていて、そうした貴重な機会を手放せなくなっているような学校もある。両者の相違はどこから生まれるのか?

小中一貫教育を実施する際、教育委員会が方針を出していることやコーディネーター等の担当教員が設定されていることは、どこでも大体共通している。だが、担当者の校内での位置づき方や彼らの働き方は学校区や自治体によって相当に異なっている。筆者の経験によれば、小中一貫教育がうまく機能している学校区に共通しているのは、「七輪の法則」について述べたことが、ほぼそのまま当てはまる。つまり、コーディネーターをはじめとする教職員の「チーム」が機能している点、個人から組織へと活動への参画を広げる何らかの仕組みが整っている点、そしてそれらを学校長のリーダーシップが支えている点である。一方で活動が形骸化しやすいのは、小中一貫教育に関連する活動が、誰かの仕事、または該当するどこか分掌の仕事になってしまっているような学校だ。

もちろん、小中一貫教育は学校を活性化させる一つの手段なので、これにこだわる必要は全くない。むしろ数ある手立ての中で、どれを選択するかが学校改善の成否を分かつ場合が少なくない。

今日の学校では、選択可能な特色化の手段が増えている一方で、そこに投入できる組織資源は限られているのが通常だ。とすると、「選択と集中」のない学校づくりは考えにくい。「(戦略の基本は)最も効果の上がりそうなところに最強の武器を投じることである[2]」とは戦略論の大家であるルメルトの言葉だが、一見総花的に見える学校の諸活動の中でも、軽重をつけたり、ある部分を端折ったりすることは案外できるものだ。

組織の資源をどこにどう集めて、どのように火をつけるか、週末の夜に焼き肉でもつつきながら考えてみてもいいのではないだろうか？

Ⅱ－4　枯れ草は肥料になる

校内研究の成功率は１００％

　学校の組織開発の手立てを問われたときに教員の多くが挙げるのは、たいてい校内研究（研修）だ。ところが、この校内研究は（筆者もその端くれである）研究者の視点から見ると、非常に特殊な慣例に支配されている。研究者の「常識」によれば、実験や試行に価値があるのは結果が分からないからで、一般的に支持されているのとは異なった結果が導き出されるほどに、その研究の価値は大きいとされる。逆にあらかじめ結果が分かっているならば、その検証作業にはさほど大きな意味はない。

　校内研究はその逆だ。ほぼ結果がより確実に想定される状況下で、その確実な結果を求めて校内研究は進められていく。そしてその確実な結果を手にすることで、その研究が成功したと見なされるのだ。

　筆者はこれまで少なくとも何百という学校の研究紀要や報告書を目にしてきたが「検証の結果、当初の仮説は棄却された」とか、「試行に鋭意取り組んでみたが、研究結果は想定したのとは逆の結果となった」とか記された報告は、これまでほとんど目にしたことがない。

この背景には次のような事情がある。校内研究の目的はたいていかなり抽象的なものだ。「〇〇活動によって学級の絆を深め自ら学ぶ態度を培う」とか、仮説がつくられる場合でも「〇〇〇によって児童生徒の学習意欲は高まり、×××の理解を深めることができる」といったように、やや曖昧なかたちでそれは設定される。

もちろん取り組みの実施後には結果検証が行われる。この結果検証のほとんどは、児童生徒や教員に対するアンケートによるものだ。そしてその内容は「〇〇〇にはすすんで取り組むことができましたか?」「×××の理解は深まりましたか?」といったものであることが多い。

さて、非常に忙しい中で責任を引き受けて一所懸命に研究授業に取り組んだ先生に対しては、他の教員であれ、また保護者や児童生徒であれ、それなりにいい評価をしてその労をねぎらおうとするのが人情というものだ。担当者が一所懸命やった姿勢がうかがわれれば、多少そこに問題があってもそれほど辛辣な評価をしようとはしないのが学校の世界だ。もちろん、中には手厳しい評価をする児童生徒や教職員もいるだろうが、平均をとって全体をならせば、その結果は大体ほどよいところに落ち着くことになる。

このように校内研究は構造的に成功裏に終わる仕組みになっており、実際に大体はそのとおりの結果が出ることが多い。こうした校内研究での慣行に見られるように、学校の諸々の業務は予定調和的に遂行されていくことが慣例となっている。

しかし、このように成功を常態化させる慣行には落とし穴もある。

ここで指摘したい落とし穴とは、目的が数値で表現されていないことや、研究の方法や手続きが科学的に不十分であることなど、校内研究についてしばしば指摘される点ではない。一口に成功とは言っても、アンケート結果（とくに自由記述）や周囲の声に耳を傾ければ、「実際にその『成功』がどの程度のものであったか」は大体読み取れるし、改善点も見えてくる。研究報告の読み手もその辺は割り引いて考えるので、実際の状況はそれなりに推し量ることできる。ただでさえ風当たりが強くなっている学校のこと、失敗や課題をことさら外部に印象づけたとしてもあまりいいことはない。

成功が常態化することのより深刻な問題は、学校が組織として保守的になっていくという点にある。学校評価であれ校内研究であれ、不祥事や事件が起こった場合を除き、ほとんどの学校は表向きには成功を続けているが、いつも成功している組織は次の二つの面で改善が停滞する可能性がある。

挑戦に消極的になる

成功が常態化することの一つの副作用は、新たな挑戦に消極的になるということだ。成功することが当たり前になってくると、失敗することは一種の異常事態となり、学校の職員たちは「失敗できない」と、より強く感じるようになる。失敗しないための最善の選択は失敗しそうなことにははじめから挑戦しようとしないことだ。校内研究が必ず成功する背後には、このような心理的メカニズムが働いているのではないか？

この点、事業の成功率を「一勝九敗」と自己評価するユニクロの経営のあり方は学校のそれとは対照的だ。創業者の柳井正氏は次のように述べている。

「成功するということは、保守的になるということだ。商売というのは、現状があまりうまくいかないときに、『だったら、どうやればうまくいくのか』ということを徹底的に考えるということであり、成功したと思った時点でダメになるのだ[3]」。

一勝九敗のユニクロと全勝の学校、この両者を比べるならば、それぞれの組織にその長期的な影響がどう顕れるかは想像に難くない。その「勝率」とは裏腹に、組織としての創発性や足腰の強さにはきっと大きな違いが生じてくるだろう。学校にとっての成功の代償の一つは学校が組織として打たれ弱くなり、挑戦に消極的になってしまうことだ。

活動がやめられなくなる

成功が常態化することのもう一つの問題は、サクセスストーリーがつくられることで、そこから抜け出すことができなくなる、という点にある。

成功から抜け出す必要があるのは、カリキュラムとは「劣化」するものだからだ。それが教科であれ、特活であれ、行事であれ、学校内の活動は同じことを繰り返していたら次第に新鮮さを失っていく。劣化の速度は内容によって違うだろうが、とくに新しく始めた活動にはこうした鮮度の劣化がより早く起きるだろう。

その原因には、子どもが時代とともに変化していくということや、学習指導要領が改訂されて活動内容と相性が悪くなることもあるだろうが、これら外在的な条件よりも急速にそして確実に鮮度の劣化に遭遇するのは活動を行っている教員自身だ。当初新しかったカリキュラムの内容や方法も、同じやり方を続けているうちに、教える方にとっての新鮮さは失われる。繰り返される活動は教員自身にとって「二度目、三度目の映画」になってしまうのだ。そうした教員の側の緊張感の喪失は言葉の端々から児童生徒にも伝わるに違いない。自分は気をつけているつもりでも、忙しさを自分への言い訳にして授業内容やレジュメの使い回しを続けると、回を重ねるごとに、授業中のあくびが増えてくるのを筆者もしばしば体験する。

さて、行事であれ教科であれ、学校独自の活動というものは、一度始めたらやめることはなかなかできない。たとえ多くの教職員がそろそろ潮時と考えているような場合でも、「その活動を始めた教員が在籍しているうちはやめることができない」というつぶやきを、著者は何度となく教員から耳にしたことがある。ますます多忙化する学校現場の中で、「本当はやめたい」と多くの教員が感じている活動は少なからずあるはずだ。ところが、それを言い出すことはむずかしい。

なぜなら活動が「成功」しているからだ。

その活動が失敗であれば見直そうという声を上げるのは容易《たやす》いだろうが、少なくともアンケート等の評価ではそれなりに成功しており、その意義も毎回確認されているので、思い入れのある教員が在籍しているうちはそれをやめようとは言いにくい。するとスクラップ・アンド・ビルドならぬビルド・アンド・ビルドが続けられ、学校はますます多忙化していく。

これも成功の代償だ。

枯れ草は肥料になる

そこで、学校がタフで自己革新のできる組織になっていくために提案したいのが、「枯れ草は肥料になる」という発想だ。学校も組織である以上、常に活動の新陳代謝は必要になる。学校に与えられている資源が限られている以上、新たな取り組みが生まれるためには、一方で何かをやめていく必要がある。植物が種を残して枯れることで場が豊かになっていくように、活動の成果や教訓を次期に向けての資産として遺し、その活動自体は刷新することで、学校は創発的になり得る。とくに今日のように、組織にゆとりがなくなっている実態があるならなおさらだ。

もちろん学校には児童生徒の安全管理や教職員の不祥事など、あってはならない失敗もある。これらの失敗を一度してしまうと、組織には致命的なダメージが残り信頼回復には相当の時間がかかる。だがそうした例外を除いては、教育現場の日常には失敗はつきもののはずだし、それらはたいてい何とかなるものだ。

問題は、未来の改善につながる失敗や廃止をいかにつくり出していくかである。学校では活動の事実上のフェードアウトはしばしば「活動精選」や「発展的統合」などと呼ばれるが、これだとせっかくの教訓が次には活かされない可能性が高い。そこで提案したいのが、次のような二つの学校組織運営上の工夫だ。

一つ目は意図的な「失敗の創造」である。たとえば年間に一つぐらいは、あえて普通にしていては達成できないような目標を設定し、学校改革のシンボルをつくってみるというのはどうだろうか？　それが「一つ」である必然性はないが、一般に数が多いほど力は分散し、多忙感は増加し、教職員の意識も薄れがちになる。もし設定した高い目標が教職員の努力により達成することができれば、目に見える学校改善の成果と確かな達成感を得ることができる。たとえ目標が達成できなかったとしても、「失敗できない学校」から「チャレンジする学校」への一歩を踏み出すことはできるだろう。

もう一つは「活動の寿命」をあらかじめ設定するということだ。何か活動を始める場合、何年かしたらそれを見直すという時限をあらかじめ決めておき、その後にどう展開するかはその期間のおわりに結論づけるという方法である。

企業組織と異なり、学校では何か新たな取り組みを始める場合、その期間が限定されないことが多い。ところが、取り組みを続けていくうちに、活動は劣化していく一方で、組織にも慣性の法則が働いてやめられなくなることがあるということは、先に述べたとおりである。

この点、学校で新たな取り組みを始めても、何年か後にはゼロベースで見直すということを決めておけば、活動が惰性で続けられるということはない。その上で、そのときが来たら、完全な廃止をするか、またはその次の年度からの活動のあり方を各学校で議論し、結論づけるようにするのである。たとえ取り組みを継承する場合でも、既存のまま引き継ぐのではなく、新たな言葉でその活動の意味を語り、新たなメンバーが核となって発展させていくのがいいだろう。

このように終わりを決めて活動に臨めば、その活動から組織として何を学ぶべきか、緊張感を持って臨むことができるのではないだろうか。

聖書にはこんな言葉がある。「一粒の麦、もし地に落ちて死なずば、ただ一つにてあらん。死なば多くの実を結ぶべし」。

Ⅱ－5　不ぞろいのチームが強い

「基準化」を志向する教員育成

学校教員の備えるべき力量について「基準化」を志向する動きが昨今強まっている。ここでいう力量の「基準化」とは、教員の質保障を前提とし、教員がどんな能力が必要かを確定し、構造化して捉えようとする傾向のことだ。

こうした様々な教員の資質力量に関する基準の設定は、それによって教員の成長プロセスを枠づけたり、教師教育のカリキュラムを体系化して評価できるようにしたりすることをねらいとしている。

文部科学省は教員がキャリアステージに応じて身につけるべき資質や能力を明確化するために、各都道府県等が大学等の研究機関と連携して「教員育成指標」を整備する方向を打ち出しており、(4) 現在全国各地の教員養成系大学や都道府県の教育センターを中心に教職課程や教師教育に関する基準（教職スタンダード）の研究と運用が始まっている。

そしてこの、教職スタンダードを確立しようとする動きは、日本のみならず、欧米（とくにイギリスとアメリカ）や中国・韓国等、アジア各国にも広がる世界的な潮流だ。今後はこうした教職スタンダードが、大学の教員養成カリキュラム、教員採用試験、法定研修、教員評価など様々な場面で活用されていくことになるだろう。

筆者も勤務する大学や学会で教員養成の基準の作成にかかわったことがあるが、教職スタンダードの策定作業においては、教員の資質力量を階層的に構造化し、各項目について到達の段階を設定していく場合が多い。

たとえば、「教科の指導力」「学級経営の力量」「生徒指導力」「他者とのコミュニケーションと協働性」「学び続ける態度」「教師としての基礎的素養」など、教員に必要な力量の構成要素を明らかにし、さらにそれぞれの要素について下位項目を設定していくのだ。右の基準のうち「教科の指導力」についてであれば、「学習指導要領の理解」「教科の知識」「授業計画の作成」「教材開発」「授業研究」「学習評価」といったような下位項目を設定するという調子である。そして可能であれば各項目について達成の段階を示して、徐々に教員が力量を高めていくことができるように配慮を加える。教員の力量の基準化の過程で、教員の質はちょうど通知表や指導要録で観点別評価をしていくのと同じ要領で構造化されていくことになる。

もちろんこうした基準化の動きについては「教員の力量とは各要素に還元できるものではなく全体として捉える必要があるのではないのか」「教員養成を技術的に捉えすぎているのではないか」「教員の人格にかかわる教職の専門性を基準化していいのか」等々の批判もある。

もちろん、これらの指摘は重要だが、教職スタンダードそれ自体は教員の力量を考えるためのたたき台にすぎない。だから、教職スタンダードは、それをどう使うかによって毒にも薬にもなり得るはずだ。

さて、こうした基準化が進行していくことによって、教員、そして学校という場はどのように変化していくのだろうか。

「足下」に視線が集まりやすいスタンダード

教職のスタンダードが整備されれば大学のカリキュラムはより整理されやすくなって取りこぼしがなくなるだろうし、大学の教員養成と採用後の研修のつながりも分かりやすくなるだろう。教員も自らの足りない点をチェックするには便利だろうし、教師としての資質に課題がある教員をスクリーニングするのにもきっと役立つはずだ。

けれども基準化の持つ意味はそれだけではない。というのも、教職スタンダードを教員養成や研修の場面で意識しすぎると、組織全体のパフォーマンスよりも教員個人の力量に視線が集中しやすく、かつ個人の、人より長けている力量よりも欠けている力量に視線が集まりやすくなるからだ。子どもの通知表で「国語は得意だけど算数がねぇー」となれば、「力を注ぐべきは国語より算数」ということになるのが普通だ。

力量に関するスタンダードがなければ、通常人は自分の得意分野の力量向上に力を入れやすい。そして、それは結果的に長所と短所をともに際立たせることになる。だが、これはスタンダートの視点からは「バランスの悪い」力量構成ということになりがちだ。

そして日本語で「バランスが悪い」というのは通常はけなし言葉だ。だから教職スタンダードの性格を十分に咀嚼することなしに活用が進行すると、長期的には教員個人の能力の凹凸は少なくなっていくことが予想される。だが果たして教員の力量の凹凸が少ないということは、学校にとって常によいことなのだろうか？

「チームつぶぞろ」と「チームふぞろ」

ここで教員の力量の凹凸と組織の力についてちょっとした思考実験をしてみよう。学校が力量の凹凸の大きな教員で構成されている場合と、凹凸の小さな教員で構成されている場合とを比べた場合、よりよい教育ができるのはどちらだろうか？

ここでは仮に次のような二つの教員チーム（たとえば学年の教員集団）を考えてみよう。ひとつは取り立てて優れた力もないが欠点もない（力量の凹凸のない）「粒ぞろい」の教員で構成される「チームつぶぞろ」である。もう一つは、欠点もある代わりに特技もある「不ぞろい」の教員で構成される「チームふぞろ」である。

できるだけ単純化してチームを構成する教員は4人、力量を示す基準も四つ（たとえば授業、学級経営、生徒指導、保護者対応というように）、それぞれの力量を五段階で表すように設定

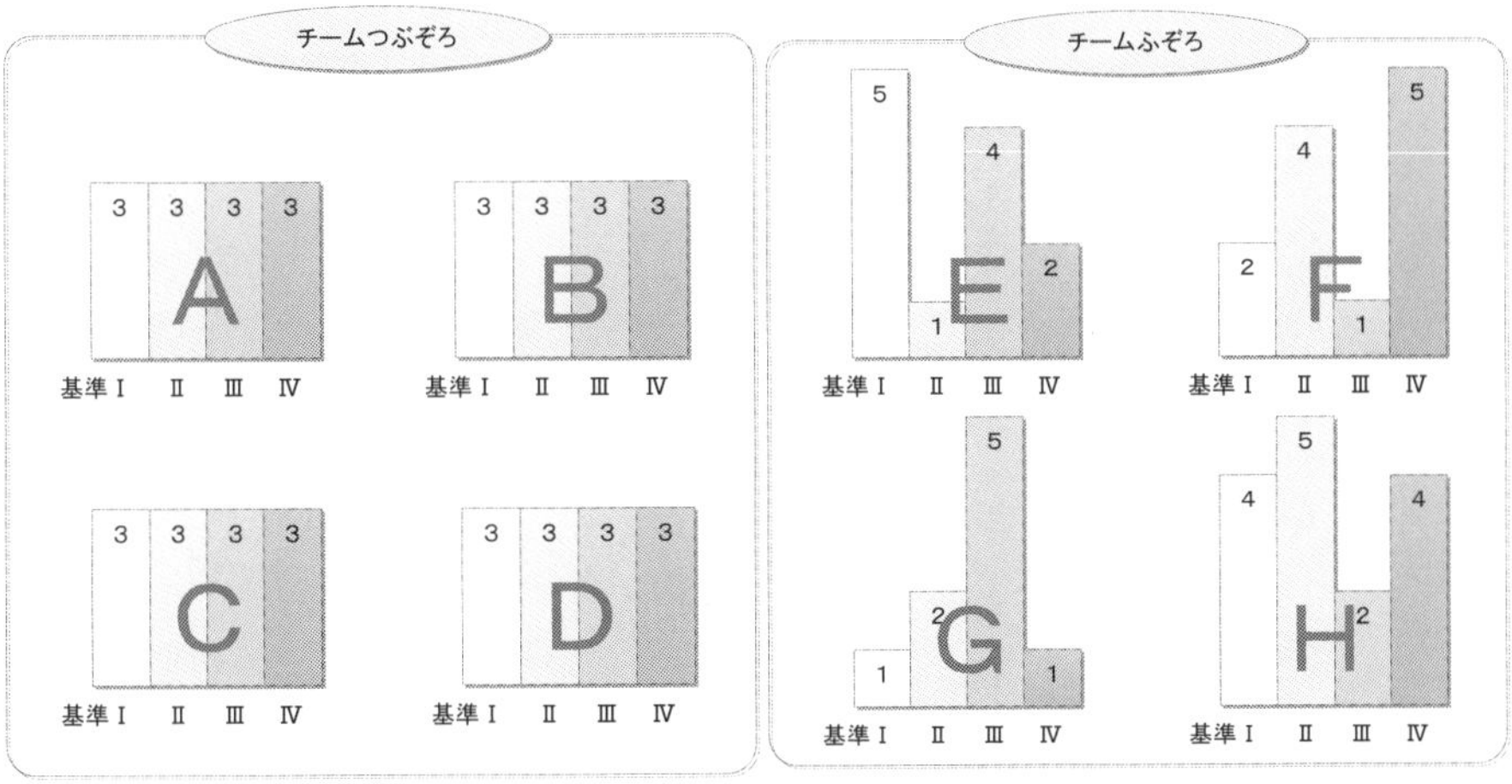

図Ⅱ－3　「チームつぶぞろ」と「チームふぞろ」

してみよう。

「チームつぶぞろ」では、各教員のすべての力量は基準ごとに平均的で教員間の違いもない。一方「チームふぞろ」では、人よりぬきんでた長所も持っているが、資質に何かしら問題を抱えた集団で教員間にも力量の差がある。

両チームのチーム構成を、**図Ⅱ－3**のように教職スタンダードで表してみよう。力量の総和は「チームつぶぞろ」は12×4、「チームふぞろ」は12＋12＋9＋15で、どちらも48に設定してみた。力量の総和は同じだが、「チームふぞろ」は「チームつぶぞろ」に比べて、個人間にも力量のばらつきが目立つのに加え、個人内でも得意と不得意が目立つメンバーからなる構成だ。

さて、どちらのチームの方が学校にとっていいだろうか？　保護者からのクレームがつきにくく、校長の精神衛生上好ましいのは間違いなく「チームつぶぞろ」だ。「チームふぞろ」ではどの教員についても力量上の問題を抱えているので、何か大きな失敗をやらかしはしないかと管理職も心配だろう。

しかしだからといって、子どもに対しても「チームつぶぞろ」の方が常にいい仕事ができるとは限らない。「チームつぶぞろ」は安定感があるが、これはそれぞれのメンバーが独立して仕事をしていくという前提が成立している場合だ。仕事の入れ替えや協力が可能であるという前提に立つと事態は違って見える。

「チームふぞろ」では教員同士が協力し合ってチームの仕事全体を仕切り直し、E教諭は基準Ⅰに関する仕事を、F教諭は基準Ⅳに関する仕事を、G教諭は基準Ⅲに関する仕事を、H教諭は基準Ⅱに関する仕事を受け持つということができれば、チーム全体として発揮する実力はオール5ということになる。一方で「チームつぶぞろ」では協力し合ってもやはりオール3でしかない。

チームの組織力という点からするならば、適度なアンバランスは学校にとってむしろ好ましいと考えるべきなのだ。ある中学校教員からこんな話を聞いたことがある。ある程度の規模の学校になると新年度の異動の際、大多数の「まっとうな」教員に混じって、あまりいい噂を聞かない「いい加減な」教員も分散されて配置されるケースが多い。しかし、いろんな人がいるのは組織の常で、多少不安な人がいても学年部などで周りを固めていけばたいていのことには対応していくことができる。

ところがそうした「いい加減な」教員が活躍できることがあるという。児童生徒の中には学校の一般的な指導体制には馴染まない自分の世界を持っているような子がいて、そうした生徒は一度「まっとうな」教員の手からこぼれると、どんどん距離ができてしまい不登校状態になってしまうようなこともある。だがそんなときでも「いい加減な」教員とだけは波長が合い、その子が救われることがあるそうだ。

もちろん、現実の学校ではこんな虫のいい話ばかりではない。たとえば授業力が極端に低い教員は、他の能力が高かったとしても、問題をカバーすることはむずかしい。また学校という組織は活動の重点化をしにくいという一面もある。「うちの学校は生徒指導は行わない」とか、「学級経営はどうでもいい」ということは普通は許されない。だから教員は不ぞろいでいいが、学校組織としてはある程度バランス型であることが社会的に相当程度要求される。

こうした留保はつけなければならないにせよ、力量の凹凸が組織の力になるという視点は教職スタンダードの枠組みからはこぼれてしまいやすい。

組織の中で個々の組織成員が個性を発揮できるようになる秘訣は、短所に寛容になることだ。ドラッカーの「弱みに集中するな」[5]という言葉は経営の格言として有名だが、それはドラッカーが弱みを克服するよりも強みを伸ばす方が容易いのに加え、各々が異なる強みを持てば、外から見て弱みがない状態にすることができると考えたからだろう。

相互依存で場は強くなる

もう一つ考えておくべきは、「チームふぞろ」よりも「チームつぶぞろ」の方が、チーム内で絆が深まり、相互に成長し合える可能性が高いという点だ。

教員個人を見ると「チームつぶぞろ」の方が自立できているが、「チームつぶぞろ」では皆似たり寄ったりなので、お互いに依存する必然性はあまりなく、他の教員から学ぶことも少ない。だが「チームふぞろ」では教員間に違いが大きく、相互に依存し合わないとチームの活動をうまく推進していくことはおぼつかないし、それぞれの教員が得意分野を持っているのでお互いから学び合えることになる。

たとえば「チームふぞろ」のG教諭とH教諭の力量を比較すると全体としてはH教諭の力量の方が高いが、基準Ⅲに関してはG教諭の力量はH教諭よりも勝っているので、H教諭もG教諭を尊敬することができるし、G教諭から学ぶこともたくさんあるはずだ。

換言すれば「チームつぶぞろ」では、どの教員も代替可能な存在であるのに対し、「チームふぞろ」では一人ひとりの教員が学校の組織にとって「かけがえのない」存在であるということになる。組織成員間の絆が強ければ、全体のパフォーマンスも高まる傾向にあることは、多くの調査で明らかになっているし、学校教員の方々にとっては感覚的にも自明だろう。

雑木林は人工林より災害にも病気にも強いが、それは雑木林の中では多様な種類の動植物が生育しているのに加え個体間が関係し合い、競い合いつつも相互依存に支えられているからだ。

Ⅱ－6　逆ＳＷＯＴ分析

ＳＷＯＴ分析とは

企業や学校の組織開発研修やワークショップで人気の研修ツールに、ＳＷＯＴ分析というものがある。ＳＷＯＴ分析とは、１９２０年代にハーバード・ビジネススクールで開発された組織の内外環境を分析するためのツールであり、分野や地域を問わず広く活用されている。

ＳＷＯＴ分析では**図Ⅱ－４**のように組織の持っている強み（Strength）と弱み（Weakness）、組織を取り巻く環境の中にある機会（Opportunity）と脅威（Threat）を洗い出し、これを全体として俯瞰してみる。その上で組織内外の長所をうまく活かし、短所をカバーする手立てを考えていくというもので、とくに組織の特色づくりを考えるような場合に使うことができる。

文部科学省で発行しているマネジメント研修のテキスト[6]の中でもＳＷＯＴ分析が取り上げられたため、ＳＷＯＴ分析を使ったグループワーク手法は教育委員会の研修等でもしばしば活用され、学校現場にも普及しつつある。筆者自身も、このＳＷＯＴ分析を授業や学校管理職研修等の中でときどき使うことがあるが、「学校の状況を客観的に見ることができた」とけっこう

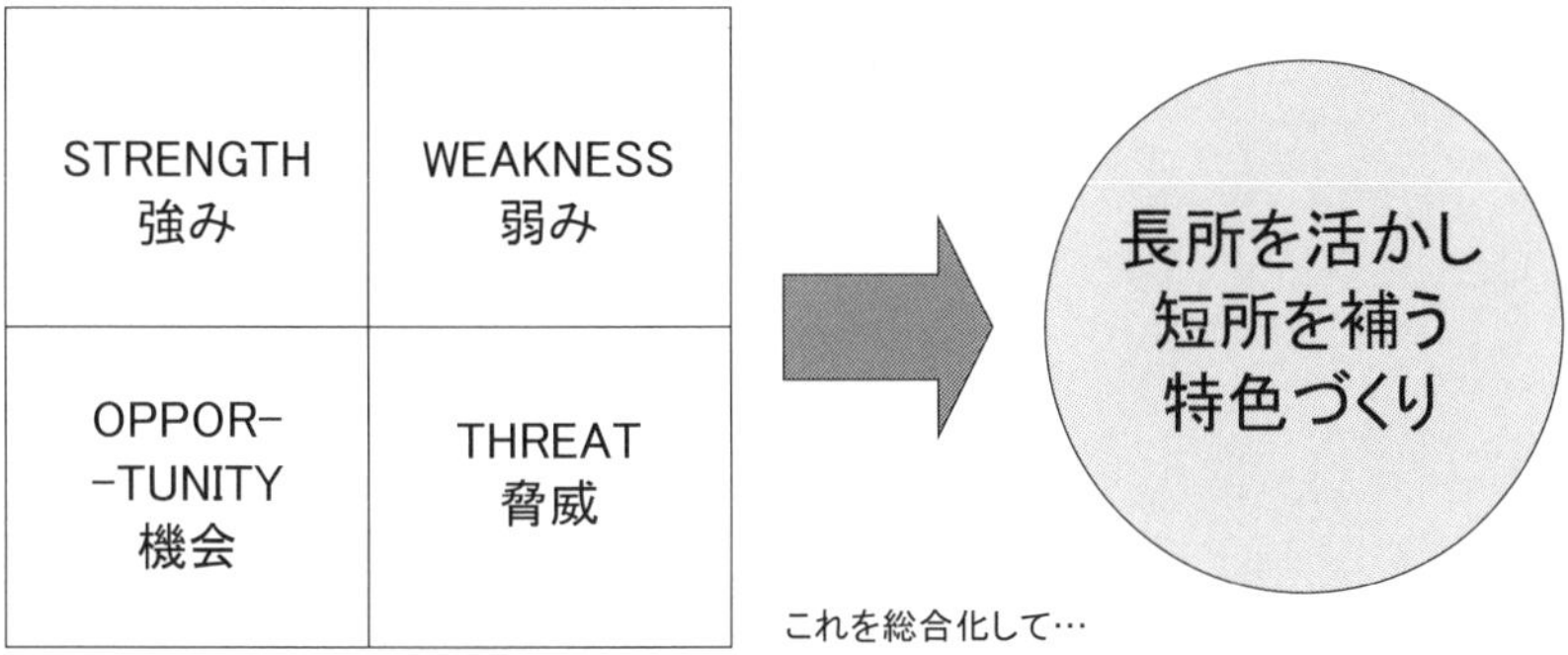

図Ⅱ－４　ＳＷＯＴ分析の構造

好評だ。

説明はできても創造できないＳＷＯＴ分析

研修ツールとしてのＳＷＯＴ分析が好評なのは、成功して発展し続けているような学校の実践がＳＷＯＴ分析の理にかなっているからであろう。全国的によく知られた事例を二つばかり挙げてみよう。

一つは東京都の杉並区立和田中学校の「地域本部」の取り組みである。「地域本部」は東京都内初の公立中学校民間人校長として２００３年に赴任した藤原和博氏が始めた取り組みで、土曜日に補修を行う「土曜日寺子屋」など、地域が主体性を持って学校を支援する実践である。[7] この取り組みは現在全国に展開されている「学校応援団」（学校支援地域本部事業）のモデルとなった。

さて、当時の和田中学校の状況を考えると、次のような状況が浮かび上がる。ただでさえ私学との競合にさらされている東京の公立中学校では、当時から保護者や地域からの学力向上の要望は非常に大きかったに違いない。しかし、教職員はご多分に漏れず非常に多忙で活動を拡大するだけの余裕には乏しい。一方で近隣地域の住民の多くはサラリーマン世帯であろうから、大量退職時代を迎えた昨今、第二の人生の生き甲斐を探そうと考えている人々が地域にはたくさんいたはずだ。そこで地域の力をうまく取り込んで、学校への期待に応えていくというのはSWOT分析の理にかなっている。

もう一つは、小学6年生が中学校と同一校舎で一貫教育を受ける京都府の京都市立京都御池中学校である。コミュニティ・スクールとして全国から注目を集めている京都御池中学校（御所南小学校、高倉小学校を加えて京都御池中ブロック）では10の小学校と二つの中学校が3校に合併して2006年にこのかたちに移行した。

同学区の地域は京都市の中心部に位置し、他例に漏れず少子化がすすんでおり、時代の流れからすると統廃合は避けられない。だが京都では町衆の手による番組小学校が設立されて以来の「地域の子どもは地域で育てる」という伝統があり、学校に対する思いは強いが、それだけに単なる統廃合では地域の賛同は得られなかったであろう。そこで、構造改革特別区制度を活用し、義務教育の9年間を5・4制で区切り、小学6年生から一体型の校舎に通学する全国的にも珍しい小中一貫教育校として同校は開校した。また同時に複合施設化も検討され、同校舎では地上7階、地下1階建てで保育所、老人デイサービスセンターや商業施設を併設している。中学校には地域包括支援センターもあり、地域の教育力をうまく取り込む仕組みも取り入れられている。同計画の実現には当時の桝本頼兼市長や門川大作教育長（２０１７年現在、京都市長）の強いリーダーシップが働いていたことは言うまでもないが、やはり学校内外の強みを活かして、弱点に対応している。

これらのように実際の特色ある活動が効果を発揮していくためには、学校内外の環境条件とマッチしていることが不可欠であり、ＳＷＯＴ分析のワークショップが人気なのも、こうした特色が学校に根づいていくための客観的条件をうまく説明しているからだろう。

ところが不思議なことに、筆者はこれまで実際にＳＷＯＴ分析の作業から学校の特色がつくられたという例をほとんど耳にしたことがない。何となく感じたり考えたりしている学校の状況を整理してみるにはＳＷＯＴ分析が非常に役立つのだが、ＳＷＯＴ分析を使って考えたアイデアが、そのまま実現につながることは現実にはあまりないのではないかと思う。

現実の話として、ＳＷＯＴ分析が開発されてからすでに１００年近くが経過しているので、この手法が本当に組織の知的創造に有効であるとすれば、企業の企画会議等ではＳＷＯＴ分析が日常化しているはずなのだが、多くの場合ＳＷＯＴ分析の活躍は研修場面に限られている。

特色は「たまたま」からつくられる

ＳＷＯＴ分析から特色はつくられないのに、つくられた特色にはＳＷＯＴ分析が当てはまる。これはどうしてだろうか？

筆者はかつて、学校で特色づくりが行われる場合、それがどのようなプロセスで実現していくものか調べてみたことがある。[8] 調査を進めていくほどに明らかとなってきたのは、学校の特色は客観的な分析に基づいてつくられるというよりも、ふとしたきっかけからつくられる傾向が強いということだ。

学校の特色づくりが始まるきっかけは、「たまたま」あることに長けた教職員が集まったとか、「たまたま」その学校が研究指定に当たったとかいった、一種の偶然に起因していることがほとんどだ。ただし、その場合、中核となっている教職員が転任したり、研究期間が終了したりするとフェードアウトしていくケースも少なくない。一定期間その取り組みが存続し、発展して学校の特色にまで高められていくためには、学校の教育ニーズとマッチしており、また活動自身がおもしろかったり、地域が応援していたり、メディアに取り上げられたりするなどして、学校内外から動機づけられたりすることは確かに必要なのだ。

場の観点から見ると、このからくりは次のように説明することができる。先に説明したように、学校には可能性群が潜在しており、それはしばしば我々の想像の及ばないところにまで及んでいる。ただし、それらの可能性はいつまでも眠っているわけではない。潜在的な可能性は折に触れてあちこちで顔を出すので、たまたま芽を出した小さなきっかけも、大きく育っていくポテンシャルを持っているかもしれないのだ。だから、会議室（かどうかは知らないが）であれこれ考えているよりも、同僚や部外者と雑談をしたり、皆が身体を使って動いてみたりと、

図Ⅱ－5　逆SWOT分析

試行錯誤をしてみることで、その可能性は最もよく引き出されるということになる。

しかし一方で、その芽が育ちうるかどうかは環境条件に相当程度規定される。

地面を見てどこにどんな草が生えてくるかを正確に言い当てることはむずかしいが、生えてきた草は例外なくその場所に生える必然性があるはずであり、どうしてそこにその草が生えるのかを説明することはできるのだ。

逆SWOT分析

この、現在ある活動の環境適合性を調べ、意味づけるために提案したいのが逆ＳＷＯＴ分析だ。逆ＳＷＯＴ分析では**図Ⅱ－5**のように、すでに学校にある特色ある活動を、学校の置かれた環境から分析してみるのだ。このやり方で、うまく説明できれば学校に根づいて発展させていくことができるだろうし、説明がむずかしければどこか無理をしている可能性が高いのだ。そんなときでも逆ＳＷＯＴ分析を使って、より環境にマッチしたかたちに改善を加えられる可能性がある。

このように「たまたま」始まった活動も、うまく学校内外環境に合わせて説明することができるようなものであれば、人はそこに愛着や誇りを感じて活動を中心に学校や地域の人々はまとまることができるので、それをきっかけに学校の教育活動全体を活性化させていくチャンスが生まれることは少なくないのだ。

ちなみに巷でいう名物などにはそんなケースが山ほどある。筆者が以前に住んでいた兵庫県では神戸牛が世界的に有名だが、著者は神戸で牛舎を見たことがない。実は神戸牛になる牛は神戸とは似ても似つかない日本海側の但馬で育ち、その中で一定の品質基準を満たしたものが選別されて神戸牛と呼ばれるのだ。現在住んでいる静岡市の清水はマグロの町としてよく知られているが、実は清水港近辺にマグロ漁師はほとんどいない。清水港では東京圏に出荷するため、カチカチに凍ったマグロを船からトラックや冷凍倉庫に移しかえており、これが「水揚げ」と呼ばれるのでマグロの水揚げ高日本一が清水の売りになった。

そして、文明開化期のすき焼きのイメージが残る港町神戸、水産県として名高い静岡というように、それぞれに地域のイメージとよくマッチして結果的に地域の活性化を支えている。いずれの場合にも、きっかけはやや無理のあるこじつけかもしれないが、その地域に根づいて町おこしの大きな原動力として発展していくのには、それなりに根拠があるのだ。それで顧客も喜んで町に活気が出るなら、その何が悪いというのだろうか？

ただし、このように学校にチャンスは転がっているとしても、正論や固定観念に固執するほどに、それを見逃すことも多くなるはずだ。物事にゆさぶりをかけるような「あそび」がなくなれば、「ひょうたんから駒が出る」こともない。

Ⅱ-7 ミミズを放て

「カルティベイト」するのは誰か？

次に述べるような学校の職員室の二つの姿をちょっと想像してみてほしい。一つはそれぞれの教員が職務に粛々と自分の作業を進めているが、教員間の対話には乏しい職員室。もう一つは雑談が行き交い和気藹々としているが、話に花が咲きすぎてときどき仕事が滞ることもある職員室である。

前者に昨今の学校、後者にかつての学校を重ねる方も多いのではないだろうか。

こうした組織運営の二つのパターンは、経営理論の中では最も頻繁に見られる分析軸なので「不動の二次元」と呼ばれることもあるくらいだ。(9) 両者は「目標達成中心」、「人間関係中心」等の呼び方で分類されて、それぞれの長短や望ましい組み合わせ方が常に経営論のテーマとなってきた。

一般論として言うならば、あらかじめ決まっている仕事が滞りなく進みやすいのは目標達成中心に動く組織であるが、「アイデアは雑談から」とよく言われるように創意工夫が生まれやすいのは人間関係中心の組織だ。

言うまでもなく、理想的な学校の姿とはこうした二つの要素を高次元でバランスさせて、学校の組織力を高め、教育活動に活かしていくことだ。が、近年では学校が多忙化し、成果を求める声が高まっているので、どうしても、学校組織全体の活動としては、目標達成に焦点化される一方で、創意工夫は各教職員にゆだねられがちだ。あまりキリキリとした職場では組織の文化は育まれない。場が活かされるためには、組織環境の中で手段と目的の束縛から解放される時間と空間が要るが、そうした組織のゆとり自体が昨今の学校現場からは失われつつある。

もちろん学校管理職等のスクールリーダーたちはあの手この手で、教職員間をつなぎ、温かい雰囲気をつくろうと努力しているが、一人ひとりの働きかけには自ずと限界がある。一学年一学級の小規模校ならともかく、教職員数が数十人規模の学校ともなると、校長や教頭などの管理職は学校の対外業務と管理運営の仕事だけで手一杯になってしまい、学校の空気にまではなかなか手が回らないだろう。加えて無理をして管理職がリーダーシップを発揮し、組織を耕そうとすると、どうしても教職員たちは受け身になり、「活《い》き」が失われてしまうこともあることは先に述べてきたとおりだ。

ただ、人の手で一所懸命耕すばかりが場を豊かにする手立てではない。場を活性化させる一番いい手立ては、ちょっとした働きかけをきっかけにして、学校の土壌が自ずから豊かになっていくメカニズムを働かせることだ。

土の中にはこうした働きをする者がいる。ミミズがその代表だ。ミミズはそれほど複雑な生物ではないが、ひたすら土中を移動し繰り返し土を食べて腸管を通し糞として排出する過程で、空気を送って土質を軟らかくし、微生物を増やして土壌の組成を変える。

ダーウィンがその生涯の最後に研究に打ち込んだミミズは、三角形の紙辺の先端部から土に引き込む知能を持っているという。ナイル川、インダス川、ユーフラテス川流域はミミズの生息が桁外れに多いことから、大文明の繁栄にはミミズが深く関係しているという学説もあり、ナイル川流域のミミズは1エーカーあたり年間150トンの糞を排出している計算になるそうだ。[10] 化学肥料を使って土質改良を試みるよりもミミズを使って土を豊かにする方が、土にもその恵みにあずかる人々にも優しいに違いない。

学校組織のミミズ

学校組織にもミミズはいる。学校という場を縦横無尽に動き回って、慣行の支配する学校の日常に一石を投じ、硬直した組織活動のあり方を柔軟性のあるものにしていく要素は、どの学校にも見つけることができる。学校にかかわる人々の間で共有されている「問い」や学校が恒常的に抱えている「課題」が、学校組織にとってのミミズだ。

ミミズを気持ち悪がる人が多いように、組織の中で課題を抱えていることや曖昧な点があることにすっきりしない気持ちを抱く人も多いであろう。しかし、すべてが理想的で課題がない学校など、現実にもし存在したとしても薄気味悪いものだ。逆に「問い」や「課題」に向き合うことで、学校組織の中に新たなコミュニケーションが生まれ、学校の慣行や現状を見直してみる雰囲気も生まれるかもしれない。「問い」や「課題」はそれまでの前例踏襲に支配されがちな学校という場に一石を投じる契機にもなりうるのだ。

２０００年から導入された「総合的な学習の時間」はかつて優秀なミミズであった。「総合的な学習の時間」は文部省が目標として掲げた「生きる力」を育むという理念の具体化のために導入された時間であったが、当時はガイドラインもつくられず、何をねらってどんな活動をするかも含めて、カリキュラム全体がほぼ学校に丸投げされたかたちであった。結果的にそれまで取り立てて特色と言えるような特徴的な活動がなかった学校でも、教職員の間でどうやってこの時間を運用しようかと様々な議論が行われ、「環境」「キャリア」「異文化理解」などといった様々な学校独自のテーマを掲げて特色づくりが行われたことを、中堅以上の多くの教職員の方々は憶えているのではないだろうか？

そうした状況の中、多くの学校で学年や教科の枠を越えて話し合われたのが『生きる力』とは一体何のことなのか？」「自校の子どもたちがつけておくべき学力はどのようなものか」といった問いである。「総合的な学習の時間」の学力面での成果はともかく、とかく固着しがちな学校という場の土壌を解きほぐすという点では、きっと大きな貢献をしてくれたのではないかと筆者は考えている。

「まじめな雑談」

さて、当然のことながら、ミミズが働くためにはそのための環境がいる。ミミズを放っただけでほったらかしにしていたら死んでしまうかもしれない。昨今の学校を取り巻く環境の中で、問いや課題を投げかけただけでは教員の負担感を増す結果にしかならないという可能性もある。

学校組織のミミズが働く理想的な環境の一つは、いわゆる「まじめな雑談」が生まれる時間・空間のことである。「まじめな雑談」とは、会議のように議題や進行が決められており、議長の進行で進められていく形式ばったものではなく、さりとてゴシップのやりとりに終始する井戸端会議でもない、その中間くらいにある対話のかたちのことだ。

普段の雑談では口にすることの少ない青臭い議論でもすることができて、仕事に対する前向きのエネルギーが生まれてくるのはそんな空間ではないだろうか。

勤務後のつき合い、たばこ部屋、職員室のストーブの周りなど、かつてあった「まじめな雑談」をする場所や機会が喪失しつつある今日、校務分掌組織の構成、職員室の机配置、ＴＴの組み方、学年部会の持ち方など、機会や場面をある程度人為的につくっていくことも今日の学校にとっては重要になってきているのではないだろうか。また、各地域で開催される地区研究会や十年経験者研修などを活用した勤務校外の教員との対話の機会も、日常のしがらみなく話ができるという意味では有効だろう。

ミミズの死

ただし、こうした組織を耕す「問い」や「課題」にも、賞味期限というものがあると考えておくべきだ。これまでの多くの教育論議がそうであったように、その問いが発せられてしばらくの間は、学校現場に刺激を与え、教育のあり方について多面的に考えるきっかけを与えるが、同じ問い方が続けられていけば、やがてその問い自体に新鮮さは失われていく。

たとえ「子どもの学習意欲を高めるにはどうしたらよいか?」「教育活動の中で体験と体系性のバランスをどのようにしてとるか?」といった、教育に携わる者にとっての永遠の課題であっても、同じ問い方を続けていれば、やがて組織内の議論は水掛け論に陥っていく可能性が高い。問題を追求するための手段が慢性化してきたようなときには、問い方を変えてみる必要が出てくる。そして事の本質が同じような問題でも、取り上げられる場面や切り口が変われば、その問いがまた新鮮さを取り戻すということもある。

「総合的な学習の時間」もカリキュラムが慣例化して新鮮味がなくなってしまったなら、そのミミズとしての働きはそろそろ潮時と考えるべきだろう。昨今ではアクティブ・ラーニングや小中一貫教育、コミュニティ・スクールの導入などが働き者のミミズになりうるのではないだろうか。

ミミズにも寿命はあるだろうが、延命措置は欲しないはずだ。

Ⅱ-8 「評判」——隠れた経営資源

「評判」という経営資源

「保護者や地域がその学校をどう見ているか」ということは、学校にとってかなり重要な問題である。日常の授業をしている限りでは直接感じられることは少ないかもしれないが、地域での学校の評判が高い方が、授業でのゲストティーチャーや職場体験など、地域とかかわる活動でのサポートも得られやすいし、地域につられて保護者の学校へのまなざしも、より好意的になってくる。また、地域の目がより学校に向けられることになるので、学校安全や生徒指導の点でも有利であることは間違いない。そして何より、子どもが地域社会の諸活動の中で育つようになれば、その分だけ学校の負担は軽減される。

ひとたび学校の評判がよくなればしめたものだ。学校は地域全体を味方につけることができ、たとえ何か問題が起こっても地域や保護者から擁護してもらえれば心強いだろう。またとくに都市部では評判のいい学校のある学区には教育熱心な家庭が転入しやすい傾向があるので、学級減にも歯止めがかかり、学校づくりにとってはいい循環をつくることができる。さらに評判のよい学校の近くの団地は地価が上がって、学校周辺地域の不動産価値も高められるということもときどき起こる。

また、学校内の教職員自身による学校イメージというものもある。誰だって自分の職場を好きになれた方がいいに決まっている。自分の勤務している学校を誇りに思う教職員が増えれば、職場の人間関係もうまくまとまり、一人ひとりの教職員の自尊心が高まって精神的にも安定してくるだろう。

さらに当該地域の学校についての教育委員会での評価が高まれば、研究指定等を受けて資金を得ることも容易になり、また教員配置上も有利になりやすい、ということは一種の公然の秘密だ。あえて立証しようとは思わないが、校長会長や教育長は、地域の中心校や、いわゆる「ナンバースクール」から出る比率が圧倒的に高い。学校の教育活動に直接的に作用するわけではないので、学校の評判は長期的に見れば教育活動の質を左右する重要な要因となり得る。

また、学校の評判以外に教員個人の評判というものも大切な要素だ。とくに学級担任にとっては、保護者からの評判次第で学級経営のやりやすさは格段に変わってくる。担任の評判は保護者間でのやりとりを通して強化・固定化され、家庭内での語りを媒介して子どもが教員に向けられる「まなざし」を左右していくからだ。評判のよい教員は、それが教育活動の大きな追い風になる反面、評判を味方につけられなかった教員に対しては、時に暴力的に働くこともある。

こうした意味で、「評判」というのは組織にとっての一つの経営資源として考えることができる。経営資源というと、昔から4M（Man=人、Money=金、Material=モノ、Method=ノウハウ・情報）という枠組みで考えられることが多く、この枠組みからするとピンと来ない方もいるかもしれない。しかし「組織体の経営の成否を左右する、蓄積可能な条件」という意味では、評判は紛れもなく、学校づくりのための重要な資源の一つである。

評判資源を消費するとき

ただし、評判を資源と考えることの意味は、このように評判の価値を意識化するためだけではない。次のようなケースを考えてみよう。

教職歴5年目のA教諭は学校の地域の研究発表会での公開授業を引き受ける。正直自信はないが、はじめての大舞台、何とか成功に導きたいと心を固めた。1週間を切りこれからが正念場だ。ところがそんなときに限って問題が発生する。数日前からA教諭が担任をしているC君の欠席が続いており、いじめをうかがわせる記述を学級日誌の中に発見した。他の児童にそれとなく話を聞いてみると、事態は思ったより根深いようで、何度かは家庭にも足を運ばなければならなくなりそうだ。すでに研究発表会の案内は発送しており、今さら他の先生にお願いすることはむずかしい。もちろん両方に対応できればいいが、とてもそれだけの余裕はない。さてどうするか？　C君の問題を少しだけ先延ばしにするか、それとも研究発表会の中止か延期をお願いするか……？

どこにでも転がっているようなケースだが、あなたがもしA教諭ならどちらを選ぶだろうか？　これが教員採用試験なら、言うまでもなく正解は後者だ。だが実際には前者のような選択をしてしまう教員も多いので、学校はよくマスコミに叩かれる。

ただし、ここで言いたいのはそのことではない。気づかれた読者もおられるかもしれないが、実はこれらの他にもう一つ実践的な選択肢がある。それは「準備なしで研究授業に臨み、準備不足の責めは甘んじて受ける」という道だ。

評判が隠れた経営資源であるということは、必要に応じて、この資源を切り崩して他の不足資源に充当することができる場合もあるということだ。営利企業の場合は、顧客満足（CS：Customer Satisfaction）はある意味で組織の命綱だ。顧客から見放された企業は潰れるしかない。だから顧客の評価を犠牲にしても他の目的を優先させるということは通常は考えにくい。

しかし学校の場合には少し事情が異なる。学校にとって顧客（学校の場合、それが誰であるかは解釈の分かれるところであろうが）の評価を高めることは重要ではあるものの、それは組織の目的ではなく、よりよい教育活動を行うための手段であるはずだ。学校が何を犠牲にしても最後まで死守しなければならない価値は、周囲の評価ではなく子どもの成長であるべきではないだろうか。

教員の慣行と資源の有効活用

ところが、周囲の評判を下げてでも他のことを優先する、という選択は多くの教職員の頭には浮かびにくい。こんなエピソードを何度か耳にしたことがある。

学校がますます多忙化している今日、定時に帰れる教職員は稀だ。時期によって教職員の仕事量には波があり、時期や精神状態によっても帰宅時間は前後する。時には体調を崩して仕事が進まなくなってしまうこともある。ところが、そんなときでも、皆が遅くまで仕事をしているのに自分だけ早退するのははばかられるので、同僚が気づいて声をかけてくれるまで帰宅を待つのだそうだ。

もちろん昨今では、ほとんどの教職員は勤務時間を超過して働いており、有給休暇を使い切ることもできない現状にあるので、職務規定上は早退しても休暇をとっても何の問題もない。また、教職員同士が暗黙の慣習のために、お互いに足を引っ張り合っていれば、結果的に子どもにつけがまわってしまうということは、ちょっと考えてみれば誰にでも分かる。しかしそれができないのは「周囲の期待に応えなければならない」「評判を資源として活用するなんて発想をしてはいけない」と無意識のうちに思っているからではないだろうか。

ほとんどの教職員は、たとえ有給休暇をとっている日でも、平日に自宅や勤務校の周囲をうろつくことをためらうし、パチンコや居酒屋に行くときには、たいてい勤務校の学区外を選ぶはずだ。

ピア・プレッシャーと場の多様性

教員は児童生徒という他者を教育し評価するという職業柄か、評価を失うことを必要以上に恐れる側面があるのではないだろうか？　仲間からの心理的な圧力のことを心理学の言葉で「ピア・プレッシャー」と呼ぶが、このピア・プレッシャーは均質性が高い集団において強まりやすい。日本の学校文化では個人の力量より同僚性を大切にする特徴があり、それによって学校の諸活動は支えられている。そしてこの同僚性は集団内の個々の成員の感覚の同調に支えられている。結果的に他の教員に常に気を遣うようになり、ピア・プレッシャーを受けやすい組織体質がつくられてしまうのだ。

このピア・プレッシャーが場の「活《い》き」を殺してしまわないために必要となるのが、上で述べたように評判を資源として活用するという発想だ。評判を資源として活用すれば、その分だけ資源は消費されて減少することになる。長期的にわたり悪評を受け続けるというのは、個人にとっても組織にとっても決して得策ではないが、一時的には止むを得ない場合もある。

教員なら同僚や管理職の評価を、校長なら教育長や教育委員会のおぼえを犠牲にする覚悟があれば、それだけ組織における活動の自由度は高まるのではないだろうか。

そればかりか、学校組織内で、教員同士が相互に賞賛し合う文化を捨てて、評価に多様性が生まれれば、場に活力が生まれる。ここでも悪評に強い「ならず者」の持ち前が活かされるというものではないか?

Ⅱ－9　学校のアレロパシー

学校の世代交代

近年どこの教育委員会でも頭を悩ませているのが、学校教員の年齢構成の偏りである。都市部と地方、学校種によってもいくらかその傾向は異なっているが、総じて多くの自治体で50代教員が多く、40代と30代の中堅層が薄い。そして層の厚いベテラン教員の大量退職に伴い、新規に採用される教員が増加している。

そして近い将来、これまで学校を中核的に担って来た現在のベテラン層が退職し、学校現場から姿を消すことになると、学校の運営はよりむずかしくなってくることが予想される。数少ないベテラン教員で大量の若手教員を指導し、経験の少ない主任層や管理職で学校を動かしていかなければならなくなるからだ。

とすると、現在のベテラン教員たちが培ってきた、授業や生徒指導の技を若手に伝えていくことが急務であるということになる。こうした背景から教育現場ではベテラン教員たちの技をどのように伝えてくか、円滑な世代交代に向けた様々な取り組みが全国各地でスタートしている。

ところが、若手を育てようとするベテラン教員がしばしば戸惑うのが、現代の若手教員と自分たちの若い頃との違いである。新しく採用されてくる新人教員たちは、現在学校の中核的な戦力となっている40代以上の教員たちとは相当に異なった考え方や行動パターンを持っているのだ。親心から言ったアドバイスが、彼らにストレートに入っていくとは限らない。

これは教員に限らず現代の若者の特徴としてしばしば指摘されることだが、現代の若年層の人々は徒党を組まず集団で行動しようとしない、まじめだが打たれ弱い、仕事だけでなくプライベートも大事にする、といった行動傾向がある。筆者も勤務する大学で大学生や大卒直後の大学院生と日々接しているが、この指摘は的を射たものであると感じることが多い。

このような世代の行動傾向からか、若手が先輩の後ろ姿を見ながら成長していく、ということが現在の教員の世界では通用しにくくなっている。

一方ベテランの教員の方も、かつては職務の後には躊躇する若手の手を引いて夜の町に繰り出していたであろうが、昨今の若手はそうしたつき合いを必ずしも好まないことを知っているし、下手をすればハラスメント扱いされる結果となるのでためらう場合も多いだろう。

カウンター・カルチャーの育たない学校

さて、新たな世代は古い世代からの批判にさらされるのが社会の常だが、これら若手教員の傾向は裏を返せば、非力な自分を自覚しつつも頼りないながらも自分の意思で行動し、公私のけじめをつけて仕事に臨み、より身近な人を大切にするということでもある。

現在の若手教員は、子どもや教育に対する思いが劣っているわけではないし、学校組織に対しても貢献しようとする気持ちもあるのだが、徒党を組んで周囲と同調するように行動するのではなく、不安であっても自分なりの考えを持って行動するのだ。この傾向はおそらく時代の流れにマッチしているし、他者と協調しつつも多様性を許容できる社会的成熟の兆候であるとも言えるだろう。

ただし、学校の組織という観点に立った場合、この若手の「群れない」傾向は、時として一人ひとりの教員を孤立させる結果となってしまうことがある。そこにはカウンター・カルチャー（対抗文化）が育たないからだ。

カウンター・カルチャーとは、１９６０年代のヒッピーなどに代表されるように、反主流・反体制の側に立つ人々が独自につくりあげる文化のことだ。かつての団塊の世代は、学生運動に象徴されるように、それ以前の世代に対するカウンター・カルチャーを形成して世代間対立を引き起こした。現在の40代は、不良グループや暴走族をつくって大人社会に反抗して世間に迷惑をかけた。

しかし、現在の若者たちは過去の世代に対して大きな世代間対立を引き起こすことはあまりない。現在でも若者のデモも不良グループもあるが、これらは徒党を組むというよりは、どちらかというと個人の意見でそこに加わるかたちだ。全国各地の教職員組合の組織率の低下は、次第に教員が群れなくなっていることを物語っているのではないか。

さて、カウンター・カルチャーが衰退し、この言葉自体が死語になりつつある替わりに、頻繁に登場するようになったのが「サブ・カルチャー」というキーワードである。サブ・カルチャーとは主流の文化に対する亜流の文化のことだ。つまり、ある集団の支配的な文化に違和感を憶えたときに、それと直接的に対決するのではなく、そこから距離をとって個人または小さな仲間内で充足の場を探す人が増えているのである。いわゆるオタクがその典型であり、２０１４年の時点で10代・20代の８割近くがオタク要素を持っていることが指摘されている。[11]

学校の中にカウンター・カルチャーが育たないということは、学校管理職やベテラン教員の立場からすれば心地よいことかもしれない。若手の台頭に脅威を感じなくてすむからだ。若手教員が声を上げ始め、会議等の場を舞台にベテラン教員の文化と対立するということは、現在の学校ではあまり起こりそうにない。

しかし学校という組織の進化という点からすると、カウンター・カルチャーが育たないということは必ずしも喜べたものではない。時代が変化しているのだから、学校のあり方もそれに応じて変化していくのは当然なのだが、ベテランが集団化する一方で若手がバラバラであれば、結果的に組織はベテランの論理で動かされることになる。若手教員一人ひとりの思いが個人の意見として表現されるだけでは、学校組織の中では既存の学校のあり方の中に吸収されてしまい、変化への機動力を発揮することはむずかしい。

アレロパシーという現象

ところで生態学にアレロパシー（Allelopathy）と呼ばれる現象がある。アレロパシーとは、植物が放出する化学物質が他の生物に作用を及ぼす現象のことで、多くの場合は他の植物の成長にとって阻害的に働く。筆者の知る例では、日本の山間部に広く自生しているクルミの木のまわりには他の木や植物が生えにくいということがある。クルミの木の根や葉から、ユグロンという他の植物の成長を阻害する物質が放出されていて、クルミの木の周囲ではクルミ以外の木や草は育ちにくくなるとのことだ。

アレロパシーは、かつては固有の種が排他的に生存競争に勝ち残るための手立てと思われていたそうだ。しかし近年では成長が遅い植物や弱い植物が生き残ってきた要因の一つであり、むしろ生物多様性を高める要因であると考えられるようになった。生存競争では不利な立場におかれている植物が、他の植物の成長を阻害することで、自らの生育できる場を確保し、未来に種を遺していく手立てこそがアレロパシーであると考えられるようになったようだ。

学校のアレロパシー

学校は多様な背景を持つ子どもに対応する必要があり、どの教職員も万能ではないので、学校内には様々な考え方や個性を持った教職員がいた方がいいに決まっている。そして多様な人々が集まり、その相互作用の中で、それぞれの学校の独自の味を出すことができるからこそ学校はおもしろい場所になる。

ただし多様性が活かされるためには、単にいろいろな人々が集まっているというだけでは不十分で、それだけでは組織はバラバラになってしまうだけだ。多様性が活かされるためには、コミュニケーションが豊富に存在し、多様な考え方が継続的に相互作用する必要がある。だから教科や学年で学校内にセクトをつくり、他の教職員が口出しできないような雰囲気をつくるなどというのは、悪しきセクショナリズム以外の何ものでもない。

しかし、新採や若年教員など、組織の中での立場が弱く、孤立しがちな教職員については事情が異なる。彼らが思っていることや感じていることが組織内で表現されず、せっかくの彼らの感覚が、単に個人の違和感として処理されるのみでは、学校の新陳代謝が機能しないばかりか、教職員の中にストレスが蓄積され、やがては孤立や諦めにつながっていくことも考えられる。

そこでアレロパシーの考え方を学校に取り入れてみることはできないだろうか。相対的に立場の弱い教職員たちについては、むしろある程度群れがつくられた方がいいと考えてみるのだ。声の小さな教職員が集まり自分たちの考え方を醸成していく機会が設定されれば、相互につながりをつくって、組織の中で声を上げる雰囲気も高まるはずだ。何よりも悩みや違和感を共有できればストレス解消になるだろう。

問題はそのような場をどのように設定するかだが、工夫のしようはある。たとえば、全国各地の研修センターや企業などでも設定している「アフター5研修」（若手を中心に勤務時間外で行われる、自由参加で内容も固定されていないフリースタイルの研修）の機会などは、きっとこの目的のためにこそ有益なのではないか。

学校内での工夫としては、若手の研究会を組織したり、小さなプロジェクトをゆだねたりする方法が考えられる。ただしあまりその内容に立ち入ろうとしてはだめだ。むしろベテラン教員の悪口や管理職への不平くらいは自由に言い合えるようにしておくべきだ。組織の多数派による合意を形成する以前に、小さな声を拾い上げていく努力こそ今日の学校には求められている。

これはベテラン教員の側からすると、わざわざ自分の肩身が狭くなるような環境をつくるということでもあるので、気持ちは複雑だろうが、そんな働きかけも時には必要な時代なのだと割り切って考えてみてもいいのではないだろうか。

Ⅱ－10　化学肥料にご用心

なぜ日本の教員はよく働くのか

教員の多忙が問題となっている。ＯＥＣＤの国際教員指導環境調査（TALIS, 2013）によれば教員１人の週あたりの仕事時間は53・９時間で、２位のシンガポールの47・６時間（いずれも「通常の１週間」で教員が仕事に従事した時間の平均、参加国中）を大きく上回り、ダントツで１位となった。日本の教員がよく働くことが裏づけられたかたちだ。

１日の労働時間を８時間×週５日勤務として、残業時間を１ヵ月あたりに換算すると約60時間となる。過労死の目安となる残業時間が80時間であることを考えると、労働条件の点ではすでに平均的な教員でも黄信号が灯っていると言える。

ではなぜ日本の教員はこれほどよく働くのか？

この質問を学校の先生方に投げかけると、たいてい「児童生徒のことを考えると仕方がない」とか「そうしないと学校がまわらない」という答えが返ってくる。しかし、どんなにニーズがあっても「必要性は分かりますが、勤務時間外となるので申し訳ありませんが帰宅させていただきます」と言うことはできる。もちろん、時間外労働を拒否したからといって処罰の対象となるわけではない。

ちょっと視点を変えて、教員が自らを義性にして働くと何か得をすることはあるのか。給与や賞与についてはがんばってもがんばらなくても大して変わらない。とくに休日の部活動指導は全く割に合わない。

では昇進についてはどうか。確かに管理職への昇進を念頭に置いて努力する教員も中にはいるかもしれないが、仮にそうだとしても登用の検討対象となる教員は特定の年齢層に限られる。若手とベテランのほとんどの教員にとって、管理職登用などは考えても仕方のない話で、ほとんど意識にも上がらないだろう。

労働に対する制度的インセンティブの点では長時間労動は割に合わないのだ。

すべては地下でつながっている

では、何がここまで教員を駆り立てているのか？「日本の教員の人格高潔で教育の使命感に燃えているからだ」と言えれば気持ちがいいのだが、筆者にはそう言い切る自信はない。かたちや程度こそ異なれ、教員の子どもに対する思いは万国共通だろうし、筆者の知る限り、日本の教員も他国の教員と同様に、子どもに対する愛情を持つ一方で、私生活も大切にしたいし怠け心もある普通の人だ。

しかし、教員の意欲や資質にではなく、学校の環境に目を向けると、この現象もちょっと別の角度から説明することができる。個々の教員を取り巻く学校の環境が諸外国とはだいぶ違うのだ。より具体的に言うと、時間外に働けるのに働かない教員は学校内ではちょっと居心地が悪いはずなのだ。

なぜ居心地が悪いかといえば、多くの学校では教員たちは皆時間の許す限り児童生徒の成長を支援し見守ろうとする空気があるからだ。

なぜ日本の学校にそのような空気があるのかといえば、社会は学校に子ども全人格的成長を見守る役割を期待しているからであり、教員もまた児童生徒に対して自分たちが第二の親であるかのような責任感を（少なくともある程度は）感じているからだ。

なぜそうした責任感を感じているかといえば、諸外国では教員の職務は授業に特化されているのに対し、日本の学校教員は授業だけではなく、部活も道徳も将来設計も含めて児童・生徒を取り巻く成長環境の改善を総合的に引き受けているからだ。

では、なぜ日本の学校は児童生徒の人格的成長全体を引き受けているかといえば、学校が普及・発展する歴史を通じ、社会的にそのように位置づけられてきたからであり、また、学校の教職員もそうした仕組みの中で給与や昇進以外の充足感を得てきたからだ……この辺でやめておこう。

現在の学校をかたちづくり、そこで営まれる活動を支えているのは、このような学校という場を構成する様々な要素の複雑な絡み合いである。教員の献身、全人的成長支援の意識、地域や保護者からの学校教員への尊敬、教員間の協働、たゆまぬ授業改善の努力、競争よりも協力を重んじる文化等々、これらが相互につながりあって日本の学校の「豊かな土壌」を形成してきた。

もっともこうした日本の学校の「豊かな土壌」は、多忙化に拍車をかけているだけではなく、学校組織の閉鎖性や「出る杭は打たれる」文化、さらに時にはいじめに発展することもある児童生徒同士の同調圧力とも水面下ではつながっている可能性があることも同時に指摘しておかなければならないが……。

2013年度に静岡県で起こったこと

筆者の住む静岡県では、2013年に学校現場を大きく揺るがす出来事が起こった。同年の全国学力・学習状況調査（以下全国学力調査）の結果で小学校6年生の国語Aが全国最下位となったのだ。冷静に見れば、全国学力調査では受験科目が四つあり、小学校6年と中学校3年で行っているので、47都道府県のうち、のべ8都道府県は毎年必然的に最下位になるのだから、それほど大騒ぎする問題とも思えないのだが、新聞は一面トップでこの事態を大々的に報道し、県知事は憤慨して校長名を公表し、新聞社は校長名から学校名を特定して紙面で公表した。

静岡県内の新聞シェアで朝刊6割、夕刊8割を占めている『静岡新聞』の一面に登場した全国学力調査がらみの記事は、２０１３年８月25日から年末まで４ヵ月あまりの間に実に37件にのぼる。平均しても週2回を上回る頻度だ。不祥事や事件が起こったわけでもないのに、学校の話題が新聞紙上をこれほど賑わした例は稀なのではないだろうか？

静岡県は気候が温暖で土地も肥え、漁場も豊富で海産物にも恵まれている。こうした土地柄もあってか、何事にもそれほどキリキリしない県民性が根づいているように感じる。その反面、革新の風土に乏しく、新奇なことはあまり好まれない。学校も比較的安定している。学校の先生方から聞いたところによれば、全国学力調査についても、他県が対策に精を出す中、問題が表面化するまでほとんどの学校で何もしてこなかった。校長も「調査なのだから自然体で受ければいい」と学校内では全く気にかけていなかったようだ。

ところが最下位というインパクトがよほど強かったのか、川勝平太県知事の逆鱗に触れて一気に問題が表出したかたちになった。そして、議論は教育委員会制度や教育外郭団体のあり方

全国学力テスト
小6最下位の衝撃（上）
県内児童に〝異変〟の指摘も
「学力低下」危機感薄く
県教委、順位は議論されず

全国学力調査の報道記事（静岡新聞　2013.8.30）

にまで及ぶ結果となった。

さて、こうした社会の圧力の効果はてき面であった。県下の市町教育委員会では、こぞって対策が打たれるようになり、意識した指導が行われるようになった。こうした努力の結果、2014年度の調査結果によれば、**図Ⅱ－6・Ⅱ－7**のグラフのように静岡県の全国順位は一気に上昇し、文字どおりV字回復を果たして成績上位県の仲間入りをし、その傾向はその後も継続している。

さて、教員の数も経験も労働時間も変わっていないのに、2013年度と2014年度の全国学力調査は全く異なる結果となったのはなぜだろうか？　2013年度問題が顕在化してから、2014年度に調査を受けるまでの期間はわずか半年である。半年間で教員の力量が向上して児童生徒の学力が上がるならこんなにうまい話はない。そんなマジックができるならば、とうの昔にやっていたはずだ。とすると、今まで他の活動に費やしてきた時間を、全国学力調査対策に費やすようになった、という以外に合理的な説明は考えにくい。参考までに述べるならば、2013年度に全国最下位だった小学校の国語Aを受けた児童生徒たちは、2016年度には中学校で調査を受けていることになるが、ここでは全国7位にまで上昇している。

筆者は全国学力調査の実施についても、また結果公表についても、きちんと配慮がなされた上で行われるのであれば別に反対ではない。せっかく調査を受けたのだから結果の活用はむしろ積極的に考えたらいい。しかし、これら一連の顛末を見て「結果的に児童生徒の学力が向上

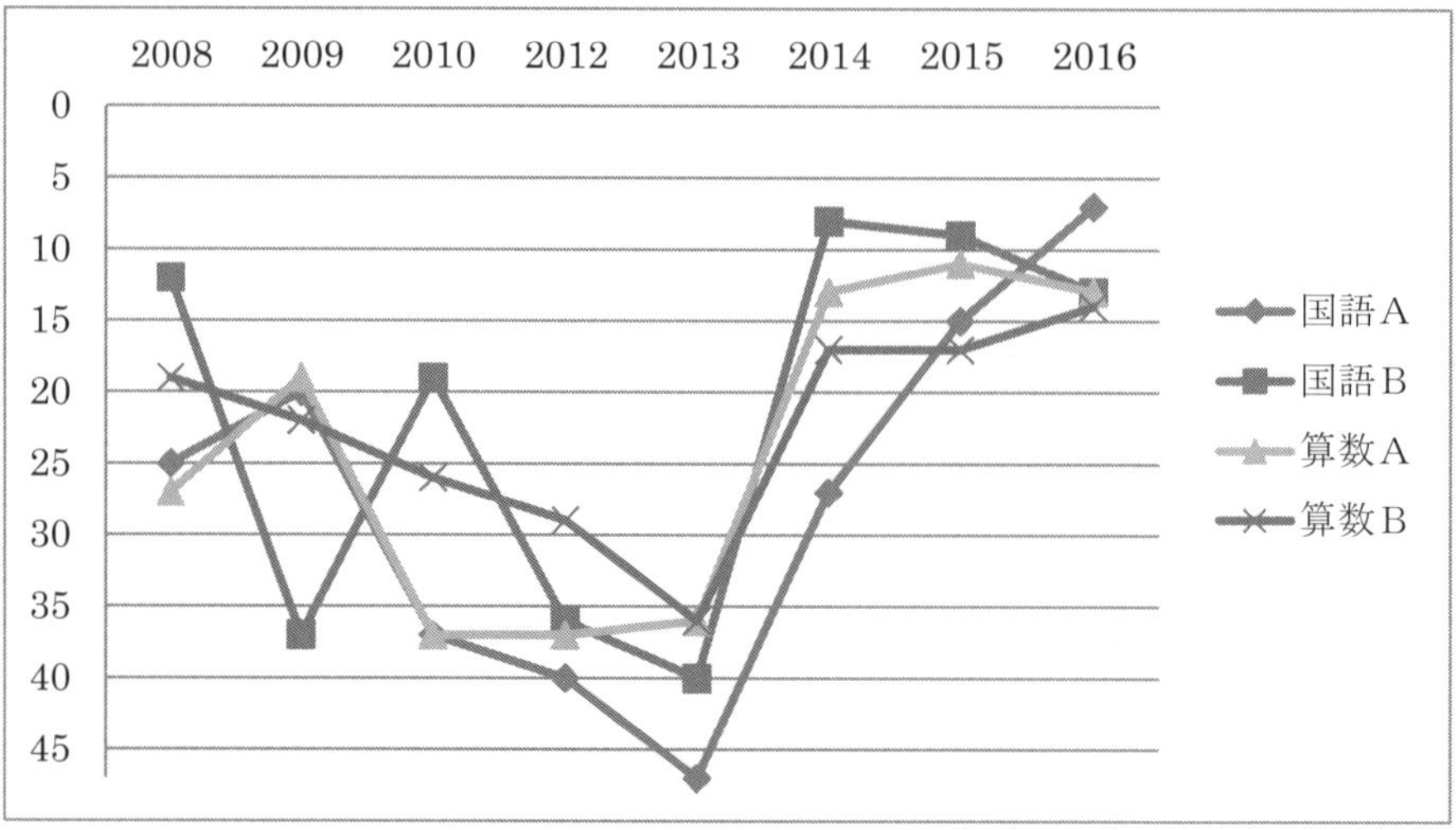

図Ⅱ－６　小学校平均正答率（科目別）全国順位の変化

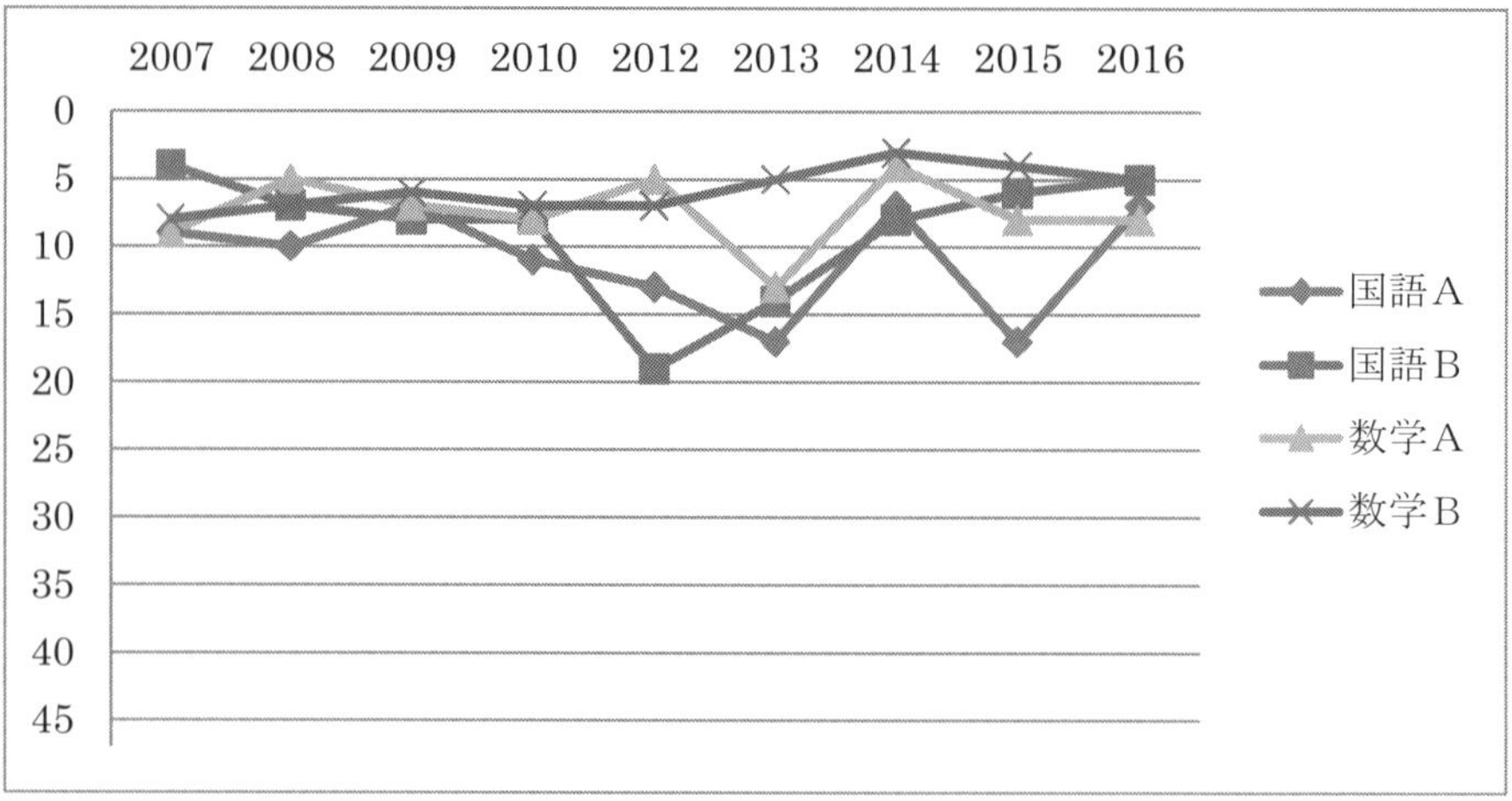

図Ⅱ－７　中学校平均正答率（科目別）全国順位の変化

したので万事よかった」とは思えない。外部圧力のかたちで学校を変えようとすれば、その副作用も覚悟しなければならない、ということに考えが及ばないとすれば、それは軽佻浮薄と言わざるを得ない。

ちなみに２０１３年度には、それまで減少傾向にあった小・中学校の不登校児童生徒数（病気や経済的な理由以外で年間30日以上欠席した児童生徒数）が前年度比で７・４％（新聞報道は高校を含むので８・１％）も増加した（文部科学省平成25年度学校基本調査より算出。全国平均では１・８％増）。

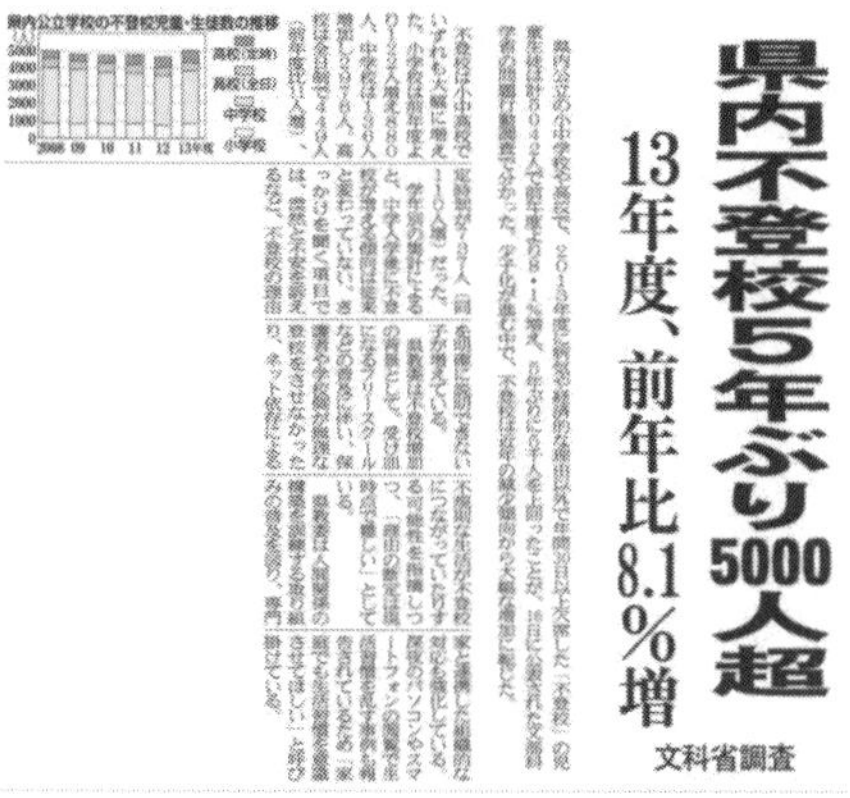
県内不登校5年ぶり5000人超
13年度、前年比8.1％増
文科省調査

不登校増加を伝える報道（静岡新聞2014.10.17）

また、20代女性教諭の精神性疾患により１ヵ月以上休職した教職員の割合が１・18％から１・60％へと、こちらも急増した（文部科学省調べ、政令指定都市をのぞく県内公立学校の数字、それ以外の年齢層ではほぼ横ばい）。

児童生徒の不登校についても20代女性教諭の精神性疾患についても原因は不明とされている。しかし、全国学力調査の他に静岡県内だけの学校環境に短期的に大きな変化を及ぼした何かが他にあっただろうか？　筆者にはちょっと思い浮かばない。

休職教員数を伝える報道（静岡新聞 2014.7.17）

不登校状態にある児童生徒と20代女性教諭に共通しているのは、どちらも学校組織の中で、相対的に立場が弱い「組織内弱者」となりやすいという点である。弱い立場にある者は、ゆとりがある社会環境の下では、教員同士の助け合いや児童・生徒間の配慮などヨコのつながりによって支えられている。だが、ゆとりが失われればその犠牲になりやすいということはいつの時代でもどの地域でも共通しているのではないだろうか。

風船をつまんで引っ張れば、その部分は伸ばすことができるが、他の部分はその分少しずつへこむ。

この事例が意味するのはそういうことだったのではないだろうか。

効くけどコワイ化学肥料

全国学力調査は児童生徒の学力を可視化して客観的に測定するための一つのツールだ。だからうまく使えばきっと子どもの成長を支えるために有効に使えるはずだ。だが、今回の騒動は静岡県内の小・中学校という場を考えるとき、そこで活動する人たちに突然降り注いだ異物、いわば「化学肥料」だ。ここでいう「化学肥料」とは、特定の可視化しうる効果を得るために開発されたツールであり、自然発生的なプロセスとは違うかたちで場の組成を急速に変化させて生産効果を高める技術のことである。

右の例での可視化されうる成果とは、小6と中3の国語と算数・数学の順位であり、問題発生以後は校内研究や指導方法も見直されて、この点では華々しい成果を上げた。ただ同時に学校という場の内部構造も変化したであろう。教員が怠けているわけではなく、むしろその仕事量が飽和状態に近づいている以上、「全国学力調査の結果にフォーカスせよ」という世論の声は、同時に「目に見えにくい成長全般に対する洞察は二の次でよい」というメッセージを結果的に教員たちに発していることにはならないだろうか。そしてそのことは、これまでに培ってきた日本の学校教育の豊かな土壌を少しずつ喪失していくことにつながりはしないか。

化学肥料は悪ではない。大鉈をふるわなければならないような場合も実際あるだろう。ただ、化学肥料を使うときに心に留めておかなければならないことは、ポジティブな効果の方は、比較的短時間のうちに、数値等の目に見えるかたちで顕れるのに対して、ネガティブな影響の方は見えにくいかたちで、ゆっくりと、複合的に進行していくことが多い、ということだ。

そしてもう一つ肝に銘じておかなければならないのは、化学肥料を使って土地の組成を変えることはむずかしいことではないが、一度変えてしまった土を元に戻すのはそれよりずっと大きな時間とエネルギーがいるということだ。水や空気などの自然環境がそうであったように、それが失われるまではその価値に気づきにくく、失われて気がついたときには「すでに時遅し」ということがままある。

「学校教育は公共の事業である以上、その結果は公表されて社会的に評価を受けるべきだし、教員はその責任を負うべきだ」という主張は正当だ。しかし「教員も公務員である以上、勤務時間が終わったら時間外労働を拒否して帰宅してよいはずだ」という主張もそれに劣らず正当だ。

もし本当に教員が児童生徒の成長全般を引き受けることをあきらめて勤務時間内でできる労働だけしか引き受けなくなってしまったら学校はどうなるのか？　それによって最も大きな被害を受けるのは誰か？　そしてそれを他の仕組みでカバーするとしたら、そのために生じる社会的負担はどれほど大きなものになるのか？　考えてみる必要があるのではないか。

今の時代、化学肥料も仕方がないかもしれないが、そこから生み出される生産物が食卓に上がる食材であることを考えれば、できるだけ少なめに、慎重に使ってほしい。そのぐらいの認識は学校に対しても持っていていいのではないだろうか。

Ⅱ―11 ミツバチの作法

場の知性

人工知能（ＡＩ）の議論が盛んになってきた。ＡＩの進化が人々に期待のみならず恐れの感情をも抱かせるようになった一つのきっかけは、ボードゲーム関連ソフトの進化であろう。チェスではだいぶ前に世界チャンピオンを超え、むずかしいと言われていた将棋や囲碁でも、現在少なくとも人間の世界チャンピオンクラスと同レベルにある。そしてこれらのボードゲームでは、遠からず人間を超えることは誰の目にも明らかだろう。

テクノロジーの進化が我々の生活に及ぼす影響は利便性の向上だけではなく、我々の生活の質そのものを変化させる。今後10～20年のうちに、現在米国内にある職業の半数近くがロボットや人工知能に取って代わられるという、オクスフォード大学の研究報告[12]が反響を呼んでいる。実際、教育の分野でもインターネット上で誰もが無料（または低価格）で受講できる開かれた大規模な講義であるムークス（MOOCs: Massive Open Online Courses）が急成長しており、大学の大講義などは将来、こうした仕組みに置き換えられていくかもしれない。現時点でＡＩ

は相当の分野で人間の頭よりもスピーディで正確に情報を処理し、また少なくともある分野においては創造性と言われていた性質も発揮できるようになっている。

ただし、知の生産は頭脳（情報処理中枢）や演算回路の中だけで行われているわけではない。むしろ、より単純な反応の相互作用の中で知性と呼ばれる働きが生じるとする考え方の方が、現在では主流になりつつある。たとえば植物は「脳」のように知的機能を管理する器官を持ってはいないが、生体の各組織や個体が集まって機能するとき、各器官や個体そのものには存在しない性質が全体として現れ、知性（問題解決能力）を発揮することができるという[13]。

インターネットの世界を見れば一目瞭然だが、より創発的な知的生産は多様性のあるネットワークによって支えられている。こうした、ネットワークに支えられて機能する知は「場の知性」と呼ぶことができるだろう。

我々が直接認知できる究極の場の知性の作品は、生態系そのものだ。ＡＩは人間の知性とある部分で伍し、一部でこれを凌駕してきているものの、地球が長い時間をかけてつくりあげてきた、この場の知能には全く太刀打ちできていない。現在までのところ人間が最先端のＡＩを駆使してみたところで動植物はおろか、雑菌一つ設計することに成功してはいない。現在の技術水準で可能なのは、遺伝子操作技術を使って場の知性の作品にささやかな修正を加える程度だ。

集団的知性

さて、場の知性は優秀だが（人間から見たら）気まぐれだ。場の知性がもっぱら我々の生活を豊かなものにしていくのならいいのかもしれないが、新種ウィルスの誕生のように逆の方向に働いていくこともありうる。

生態系のような多様性に満ちたネットワークではなく、同じ種で構成される集団内で働く場の知性は、もう少し組織的になる。場に偏在する情報が、特定の集団内で自己組織化されて働く知の働きは、コレクティブ・インテリジェンス（集団的知性、集合知等）と呼ばれる。集団的知性の概念を最初に提唱したのは昆虫学者ウィーラー（William Morton Wheeler）であるとされ、20世紀初頭に蟻の観察から個体同士が密接に協力しあって全体として一つの生命体のように振る舞う様子を彼がこのように呼んだことに始まる。集団的知性の研究はＡＩやロボット開発から、生物学、人間の社会・組織論にまで及ぶ。

人間の組織においては、集団の発揮する創造性が集団内のどの個人の判断力をも上回る可能性があることは、ある意味で自明のことだ。だが一方で、個々の組織成員はそれなりに考えているのにもかかわらず、集団としては愚かな思考（集団浅慮）に陥ることもある。

また、生命体の知性は入力と出力があるコンピュータの知性とは異なり、自己創出する性質（オートポイエーシス）を持つものであり、この性質に基づいて集合的に働く知性を捉えないと、その本質を見誤るとする見方もある[14]。

ではどのようにしたら学校の集団的知性を高めて、よりよい方向に発揮させることができるのだろうか。この点についておもしろい素材を提供しているのが、次に紹介するミツバチ研究の成果を紹介したシーリーの手による『ミツバチの会議[15]』である。

「ミツバチの会議」

詳しくは著作に当たってほしいが、同書ではミツバチの意思決定に関して非常におもしろい内容が紹介されている。この本の筆者はミツバチの群れ全体の生死にかかわる新しい巣をどこにするかという課題について、ミツバチは70平方キロメートルに及ぶ手に入る候補地の中から、必ずと言っていいほど最高の巣の場所を選び出すことに着目し、そのメカニズムを探求し続けている。そして、ミツバチの群れには驚くべき合理的かつ民主的な意思決定のプロセスがあることを明らかにしている。

それによると分蜂の時期になるとまず、探索バチが巣の四方八方に飛んでいって、よさそうな候補地があると戻ってきて、その場所を距離と方角をほぼ正確に暗号化した「ミツバチダンス」によって他の仲間に知らせる。尻振り走行の回数で距離を、角度で方角を示すようだ。探索バチは候補地の質が高ければ活発にダンスをし、質が低ければ「気の抜けた」ダンスをするという。

次に多くの探索バチによって発見された複数の候補地のうち、どこがよいかについて議論がなされることになる。いくつかの候補地がある場合には、当然候補地間の優劣の選択を迫られるが、その際、各探索バチたちは各候補地へ飛んでいって候補地の適合性を確かめ、それぞれの探索バチが同様のミツバチダンスによってある場所への支持を表明する。これが「ミツバチの会議」だ。

こうして、数日かけてこうした意向投票を巣の周りで繰りひろげることで、徐々にある候補地が優勢になり、選択肢の一つを指示する蜂の数が、一定の「閾値」を超えると一気に分蜂群の合意が形成されて巣への移動が開始されるという。

シーリーはここから人間社会にも当てはまる次の五つの教訓を引き出し、これらを実際にコーネル大学の教授会等で活用し成果を上げているという。その教訓とはすなわち、

①互いに敬意を抱く利害関係の一致する意思形成集団を構成すること
②リーダーが集団の考えに及ぼす影響を小さくすること
③選択肢を広げ多様な解答を探ること
④熟議を通して集団の意思をまとめること
⑤閾値を使った定足数反応を活用して一貫性、正確性、スピードを担保すること

だそうである。

まずは集団の取りうる可能性を最大限に拡大した上で、小さな試行錯誤を繰り返して情報を

集団的に蓄積していき、意見がある程度集約された時点で民主的に意思決定を行うのがミツバチの作法だ。

「学校をどう配置するか」という問い

ミツバチの作法は、組織の集団的知性をいかに発揮するかについて示唆に富むものだが、教育現場でも我々は集合的知性を発揮できているか、と問われると、筆者は必ずしもそうはなっていないのではないかと思う。

例を挙げよう。近年急速に活発になってきたのが少子化に伴う学校統廃合に関係する問題である。この問題は、ミツバチの巣のように集団の生死を分かつ問題ではないにせよ、学校がどこにどのように配置されるようになるかは数十年という長期にわたって学校と地域のあり方を左右しうる問題だ。現在の学校施設の多くが１９６０年代から70年代にかけての児童生徒数の増加期に建築されたものなので、通常おおよそ60年とされる鉄筋コンクリート造の建物の耐用年数が近づきつつある施設が学校の校舎には多い。地域の人口が減少し児童生徒数が減少すれば、施設の面でも児童生徒数の面でも、従来のかたちを維持できなくなることは自明のことで、施設を全体として集約化していくことは避けられない。ただし、そのやり方には様々な手立てが考えられる。

仮に2小学校（A小学校、B小学校）と1中学校（C中学校）とで構成される学校区で学校再編の必要性が生じたことを想定し、そこで考えられる施設再編のあり方を列挙してみよう。

①A小学校とB小学校のどちらかに小学校を統合し、C中学校はそのままとする
②A小学校とB小学校とをC中学校に施設一体化して小中一貫校とする
③C中学校に近接する小学校をC中学校の校地内に移設し、もう一方はそのままとする
④すべての校舎を残し、一貫校にした上で、A小学校を小学校1年生から4年生まで、B小学校を小学校5年生から中学校1年生まで、C中学校を中学校2・3年生の通学校舎にする
⑤すべての校舎を残し、一貫校にした上で、A小学校、B小学校それぞれの校舎に小学校1年生から4年生まで通学し、小学校5年生からC中学校の校舎に通学する
⑥C中学校を二つに分けて、A小学校とB小学校をそれぞれ小中一貫校とする

また、通学区域や他の施設との関係をいじることができれば、次のような選択もあり得る。

⑦通学区域を広げ、隣接学区から児童をA小学校とB小学校に吸収する
⑧C中学校区をすべて解体し、隣接学区に吸収させる
⑨学校施設を複合施設化し、図書館や体育館などを他の施設と共用化することで建築コスト

を抑える

これらはすべて、現在の学校制度下で条件さえ整えられれば実現可能な学校再編の選択肢である。構造改革特区や義務教育学校（小学校段階と中学校段階の教育を一つの学校として行う２０１６年度に制度化された新たな学校種）の制度化も、選択肢の増加に寄与している。そしてもちろん条件が合致すればこれら以外にもいろいろ考えられる。

それぞれに長所と短所があるので、一概にどれがよいとは言えないが地域の事情次第ではどれもあり得る選択である。しかし実際には、学校再編を考える際にこうした多様な可能性が議論のまな板の上に載ることは稀である。学校のように大きな公共事業であるほどに、議論の俎上に上がる以前の段階で様々な選択肢が検討対象から除外されている場合が多い。選択肢が多すぎて収拾がつかなくなることを行政当局が恐れるからだ。だが、あるはずの選択肢を隠せば、それが発覚した時点で信頼関係は失われる。

筆者は仕事柄、いくつかの自治体での学校再編の議論にかかわってきたが、これまで最も一般的であったのは①の選択肢だ。しかし、学校がなくなれば地域も衰退する可能性があるので、地元で反対運動が起こる可能性が高い。そこで近年急浮上してきたのが②と③の選択肢である。今後は小中一貫教育を大義名分にした安直な小中一体校が全国的に増えていくことだろう。「地域全体の子どもと住民にとって最善の選択をする」という前提を地域で共有化した上で、すべての可能性を排除せず選択肢を広げ、オープンな議論をして地域の結束を高め、ある程度の議論が出尽くして新たな意見が出なくなった時点で、教育委員会の公開審議に付してそこで決定する。こうしたプロセスを決めないままに腹案だけで議論に突入し、反対運動にあって迷走しているのが多くの自治体での学校再編論議だ。たとえそれで何らかの結論に達したとしても、地域のしこりは長く残る。

その背後には、地域の集団的知性は事務局の頭で考えた腹案に及ばないはずだとする、一種の奢《おご》りがあるのではないか。ミツバチの作法に少しは学んだとしてもバチは当たらないのではと思うがどうだろうか。

〈注〉

(1) クロード・レヴィ・ストロース『野生の思考』みすず書房、１９７６年
(2) リチャード・P・ルメルト『良い戦略、悪い戦略』日本経済新聞出版社、２０１２年
(3) 柳井正『一勝九敗』新潮社、２００６年
(4) 中央教育審議会「これからの学校教育を担う教員の資質能力の向上について～学び合い、高め合う教員育成コミュニティの構築に向けて～（答申）」（２０１５年12月21日）
(5) Peter F. ドラッカー『経営者の条件』ダイヤモンド社、１９６６年
(6) マネジメント研修カリキュラム等開発会議『学校組織マネジメント研修―これからの校長・教頭等のために―』文部科学省、２００４年
(7) 藤原和博『公立校の逆襲　いい学校をつくる！』朝日新聞社、２００４年
(8) 武井敦史、田中譽、辻誠、高見仁志、杉山美也子、二見素雅子「学校の特色づくりにおけるリーダーシップと組織対応―５校園の事例間比較研究―」兵庫教育大学連合教育学研究科『教育実践学論集』第12号、２０１１年３月、27～41頁（第１節27～28頁、第８節39～40頁、第９節40頁）
(9) 金井壽宏『リーダーシップ入門』日本経済新聞社、２００５年
(10) エイミィ・ステュワート『人類にとって重要な生きもの　ミミズの話』飛鳥新社、２０１０年
(11) 藤本耕平『つくし世代　「新しい若者」の価値観を読む』光文社、２０１５年
(12) Carl Benedikt Frey, & Michael A. Osborne, *THE FUTURE OF EMPLOYMENT: HOW SUSCEPTIBLE ARE JOBS TO COMPUTERISATION?*, Oxford Martin School ,2013.
(13) ステファノ・マンクーゾ、アレッサンドラ・ヴィオラ『植物は〈知性〉をもっている　20の感覚で思考する生命システム』ＮＨＫ出版、２０１５年
(14) 西垣通『集合知とは何か　ネット時代の「知」の行方』中公新書、２０１３年
(15) トーマス・シーリー『ミツバチの会議　なぜ常に最良の意思形成ができるのか』築地書館、２０１３年

第Ⅲ部　試論 an attempt

Ⅲ－1　「日本的組織」と学校

学校づくりと場

第Ⅰ部では、教育という営みは予測ができないこととつき合っていくことであり、そしてこの予測のむずかしい様々な事象を生み出す土壌を場と呼んで、この場とうまくつき合っていくことが学校の学びを豊かにする鍵であることを指摘してきた。

第Ⅱ部では、場に働きかけてこれを活性化していくための手立てと、場の働きをうまく学校で活かしていくための手立ての両面から、場の恩恵を学校で活かしていくためのヒントについて考えてきた。

これから第Ⅲ部で試みるのは、場の発想によって「学校づくり」という営みをどのように捉え直すことができるか、場を活かした学校づくり論の輪郭を素描してみることである。

議論に先立ち、場と日本の学校組織との関係がどうなってきたのか整理しておくことにしたい。というのも、第Ⅰ部で触れたように、日本の学校は場を強く意識して公教育をかたちづくってきたからである。

しかし、これによって社会の変化に即応できる柔軟な組織となってきたかというとそうではない。むしろ本書の主題とは逆に、場の存在によってこそ「変わらない組織」となってきたかのように見える。であるとすれば、場を活かすことで本当に学校が変わるのか、疑われたとしてもそれは無理からぬことだ。

以下ではまず、日本の学校組織の特徴を「日本的経営」の視点から素描した上で、戦後日本の学校が場とどのようにつき合ってきたかを振り返り、場を活かした学校づくりを考えるきっかけとしたい。

「日本的組織」とは

日本の学校には一種独特の組織観がある。だが、「学校の常識は社会の非常識」としばしば揶揄されるような学校組織の特徴も、日本の他の組織と別世界でかたちづくられてきたわけではない。学校も他の組織と同様、制度の原型は欧米から輸入され、咀嚼されていく過程で日本の社会文化に合うようにかたちを変化させてきた。そして学校は人々の生活に密着している分だけ、日本固有の生活文化の影響もより強く受けたはずだ。

結果的に学校は、日本の組織がある程度共通して持っている特徴を、より顕著なかたちで有しているように見える。とすれば日本的組織の特徴について整理をしておくことは、場を活かした学校づくりを考えるための、たたき台となるはずである。

次に紹介するのは、日本的な組織運営に関係する三つの著作である。いずれも各分野で脚光を浴びた名著であるにもかかわらず、学校組織を語る際にあまり用いられてこなかったことは不思議という他ないが、これらの研究の指摘は今日の学校組織の特徴を、それぞれ別の角度から照射しており、学校組織の特徴を考える際にも非常に参考となるものと思われる。

もちろん、日本的組織なるものをどの程度純化して取り出すことができるか、という点では様々な異論や疑念があるだろう。ただ、日本的組織の本質を追究することはここでの目的ではない。ここでいう日本的組織とは「日本の組織の多くがある程度共通して有している特徴」という程度の意味だが、ここから逆照射することで日本の学校の強みと弱みとを、よりはっきりと写し出すことができるのではないかと考えられる。

『「空気」の研究』

1冊目は山本七平による『「空気」の研究』[1]である。この本は「空気」という概念を切り口に、目には見えないけれど人々の行動を規定する、日本の社会集団から発せされる特有の力の存在を描いて見せたもので、今日に至るまで読み継がれ、折に触れて注目を浴びている。

山本の分析は第二次世界大戦の戦艦大和の出撃に始まる。当時出撃が無謀だと判断するだけの根拠は最初から十分すぎるほどあり、その戦略は客観的な分析を行えば作戦としてかたちをなさないことは明白であった。しかしそれにもかかわらず出撃が強行されたのは、論理的な推論や客観的な認識からは独立に、個人の意思に規定されることなく醸成される「空気」によって海軍組織の決定が支配されていたからである、と分析している。

山本はこれを皮切りに西南戦争から公害問題、遺影デモ等の様々な社会現象を取り上げて分析を加え、同様の行動の選択原理が日本社会の行動決定に深く浸透していることを指摘している。

では、この「空気」による支配とはどのようなことか。山本はこれについて「情況を臨在観的に把握し、それによってその情況に逆に支配されることによって動き、これが起こる以前にその情況の到来を論理的体系的に論証してもそれでは動かないが、瞬間的に情況に対応できるという点では天才的」(212~213頁)と説明している。日本の組織にはそれぞれ個有の空気が存在し、これを人々が察知することによって状況に対し臨機応変な対応ができる一方で、論理的な推論や予測は力を発揮できなくなっているというのだ。

もっとも、この空気支配について、全く対抗手段がなかったとされているわけではない。山本は我々の日常の通常性を思い起こさせるという手立てがあるとし、これに当たるのが我々がしばしば口にする、「水を差す」という行為であるとしている。どこに行くか分からない集団の空気の沸騰を、話の文脈を変えることで皆で頭を冷やして、冷静になるための手立てが「水を差す」行為だという。

ただしこの「水を差す」という手立ては、決定のブレを世間に言う常識的なところに戻す手段としては有効であっても、あえて常識に挑戦するようには機能しない。山本は「人はその臨在観的〝空気〟に対抗するため、通常性的水をさす。しかしここでわすれてはならないことは、空気も水も現在および過去のものであって、未来はそれに関係ないということである。したがってこの方法を取るとき、人は必然的に保守的にならざるを得ない。」(216頁)と述べ、空気支配は必然的に社会集団の多くが共有している保守的な意思決定や行動パターンにつながることを指摘している。

「KY」というスラングは、今日に至るまでこの空気による行動決定が衰えてはいないということを物語っているのではないか。

『失敗の本質　日本軍の組織論的研究』

2冊目は戸部良一他6名の筆者による『失敗の本質　日本軍の組織論的研究』(2)である。この本は大東亜戦争における六つの戦闘のプロセスを追い、日本軍はなぜ誤った判断を続け、合理的な選択ができなかったのかを組織論的に分析したもので、日本的組織研究の代表的な存在だが、近年では解説本も出版され、あらためて注目が集まっている。

同書によれば戦争開始当初日本軍はその技術力を活かし白兵銃剣主義と艦隊決戦主義によって、緒戦に勝利し戦線を拡大したが、戦争が長期化するにつれ、これらの戦術は行き詰まりを見せるようになった。しかし、それにもかかわらず、最後まで戦略を転換することができず、敗戦に至ることとなった。こうした一連の戦闘プロセスを検証することを通して、その背後にあった日本軍特有の組織観やリーダーシップのあり方を探るのが同書のテーマである。

同書の中では各戦闘において作戦の立案から戦闘が失敗に終わるまでのプロセスを分析した上で、日本軍の戦略には次のような構造的欠陥があったことを指摘している。すなわち、目的が不明確で長期的な戦略が立てられていないこと、成功の秘訣を体験的学習から経験的に学びそれを一転突破全面展開的に拡大していくこと、錬磨が得意な一方で革新は苦手とし、とくに目標と構造の変革を行うダブル・ループ型の組織学習ができていないこと、現実を直視できない空気に集団感染してしまい、たとえ判断の誤りを指摘する者があっても耳を傾けることができないことなどである。一方でアメリカは敵と味方の行動と結果を分析し、勝利につながる効果的な戦略を選択していった結果、時間が経過するにつれてより有利な状況をつくることに成功した。

同書では「日本軍の戦略、資源、組織がその作戦環境の生み出す機会や脅威にいかに適応していなかったかが示された」とし、これは「日本軍は環境に適応しすぎて失敗した」ためであると逆説的に結論づけている（３４９頁）。つまり日本軍は環境を無視していたというよりは、むしろある特定の環境に適応しすぎたがゆえに、環境が変化したときに自ら変態し再適応する能力を失ってしまったというのである。

こうした分析を踏まえ、同書では日本の組織が継続的に環境に適応していくための手がかりとして六つの観点が提案されている。一つ目は環境を利用して組織内に変異、緊張、危機感を生み出す「不均衡の創造」、二つ目は結果責任を問うかわりに裁量権を与えリーダーが主体的に判断できるようにする「自律性の確保」、三つ目は組織が新たな進化をするために、自ら自己否定をしてかたちを変えていく「創造的破壊による突出」、四つ目は異質な人、情報、偶然を取り組むことでイノベーションのきっかけをつくる「異端・偶然との共存」、五つ目は情報を知識へと組織化するプロセスを経て情報の資源的有用性を高める「知識の淘汰と蓄積」、六つ目は組織の構成要素に方向性を与え、協働を確保するための「統合的価値の共有」である（374〜393頁）。

同書についてはとくにビジネスの分野で近年あらためて注目されているが、これは逆に言うと昨今生じつつある様々な社会変化に対し、日本の従来の組織のかたちでは対応しにくくなっていることを意味するのではないだろうか。

もちろん学校だけがその例外であろうはずはない。

『セオリーZ』

3冊目は、ウィリアム・G・オオウチによる『セオリーZ　日本に学び、日本を超える』(3)である。この本は、日本の企業組織を分析の対象としたもので、副題にあるとおり、日本企業の強さの組織論的原理を検討したものである。

この日本の組織経営の文化的な特徴はかつて「日本的経営」と呼ばれ、とくに欧米の研究者によって高度経済成長期からバブル経済の崩壊期まで盛んに研究されていた。日本的な経営のスタイルに最初に着目した欧米の経営学者はアベグレン(4)であるが、そこで描かれていた日本企業の特徴はむしろ組織体としての未熟さであった。この日本的経営論をより積極的な意味を持たせて発展させたのがオオウチである。

オオウチは、日本人にとって重要なことは個人の努力では何事も達成されず、チームワークや集団的努力の結果起きると信じる集団主義が根底にあるとし、日本企業の組織を①終身雇用、②遅い人事考課と昇進、③非専門的な昇進コース、④非明示的な管理機構、⑤集団による意思決定、⑥集団責任、⑦人に対する全面的なかかわりの7点から特徴づけている。

そしてIBMやヒューレット・パッカードなど、当時アメリカにおいて際だった成功を収めていた企業の多くが日本企業の特徴と類似した特徴を持つことに着目して、これをZタイプの企業と呼んでいる。このタイプの企業においては仕事へのコミットメントも高くなるため、離職も少なく、結果的に高いパフォーマンスを達成しているというのだ。

この本で主張されたのは、古典的なマネジメントの教科書に載っている経営の規範とは反対の方向性を持つ組織改善のあり方だ。オオウチらの日本的経営論が着目したのは、日本の企業の成功の鍵が、制度やマニュアル等のかたちでコード化されていない側面にある、ということだ。つまり、組織の目的達成を、個々の課業に分解して緻密な分業化を図り、指示と命令系統を明確化することで目的達成を図ることよりも、むしろ組織の活動全体を包括して捉え、組織の和を保ちながら信頼・友情・協同といった価値を大切にした組織の文化を形成していくことにより、結果的に成果も向上するという新たな組織観だった。

同書は企業組織に特化して分析されたものではあるが、日本的組織の光の部分に焦点を当てており、また長期的なライフコースの視点を含んでいることが前の2冊とは異なる。今日では日本的経営そのものが海外で取り上げられることも少なくなったであろうが、グーグルが全世界の支社から参加者を募るスキー旅行を実施していた、といった逸話を聞くと、日本的経営に注目が集まったのは、「隣の芝生は青い」というだけのことではなかったと言えるのではないか。

学校の日本的経営と場

以上のように、はからずも『「空気」の研究』では組織成員の行動面に、『失敗の本質』では組織の戦略面に、『セオリーZ』では組織の構造面に重点を置きながら、それぞれの切り口で日本の組織のあり方について光を当て、その特徴を描き出して見せている。これらの議論を学校に当てはめてみるならば、日本の学校の組織運営のスタイルが、通常の企業組織以上に日本的な組織の特徴に強く影響されたハイパー日本的組織であったことは論を待つまい。

これらの日本的組織論からうかがわれるのは、本来ダイナミックで変化の動因でもあり得るはずの場が、「空気支配」という言葉で形容されるように、我々を制約し、思考の自由を奪う何かであるかのように働いてしまうのは、日本の組織で行動する人々が場に無頓着であったからではないということだ。昔から日本の組織では場が強く意識され、場に依拠しながら組織活動が展開されてきた。

しかし、その際の場は、我々が働きかけて変えていく対象としてではなく、我々の行動の枠組みを決める存在として働くことになった。第Ⅰ部で述べたように、場に支配されれば主体は創造性を失う。場が組織活動の支配者に祭り上げられてしまえば、我々はそこに働きかける創造性を発揮することができなくなり、結果として場の「活《い》き」も失われてしまった。そう考える方が筋が通るだろう。

次節では、こうした日本の組織に特徴的な経営スタイルが、学校をどのようにかたちづくってきたのか、日本の近代学校の展開を敷衍しつつ考えてみたい。

Ⅲ－2　変わらない学校

「変わる」学校

「なんだかんだやってみても学校はなかなか変わりませんよ」。筆者が学校教員や管理職から繰り返し聞かされてきた言葉だ。しかし、このように「変わらない学校」が当たり前になってきたのは第二次世界大戦後の、とくに１９５０年代以降のことである。それより以前はわりと大きなことがコロコロと変わってきた。

近代教育制度が創始されるのは１８７２年の学制によってだが、１８８５年の改正教育令で教育費が事実上の受益者負担となった一方で、翌１８８６年の小学校令で小学校の就学の義務が導入された。小学校の就学率が95％を超えるのは１９０５年とされている。入学式と卒業式等の行事が確立するのは大体20世紀を迎える頃とされているので、それまでは児童は家庭の労働事情等に応じて学校への出入りや出欠席を決めていただろう。まだ学校が社会制度として確立されていなかったのだから当たり前といえば当たり前だが、学校教育の中身の多くは教職員にゆだねられ、何か不都合があればすぐに変えることができた。

筆者は20年ほど前の大学院生であった頃よりインドの学校をフィールドとして研究をしてきたので、１９９０年代にはインド南部の農村にフィールドワークのために頻繁に出かけていったものだが、その頃のインドの農村では学校に来るも来ないも、何をどう教えるかも、事実上は教職員と保護者と児童生徒にゆだねられていた。教科書は一応あるが、内容はきわめておおざっぱで、あまり使わないこともできる。教職員が数人で制度的監視が及んでいなければ、学校内では大概のことは好きなようにできるのだ。明治期の日本の多くの学校もそれに近いような状況があったはずだ。時折学校に監視にやってくる視学官など、適当に持ち上げて丸め込んでおけば問題なかったに違いない。

１９００年にそれまで3年制も認められていた義務教育が4年制に統一され、１９０７年には6年制に延長された。と同時に学校も一つのまとまりのある共同体的な生活の場となっていった。そして、教員は授業を教えるだけの存在から子どもの人格形成を担う存在として、その役割を次第に変化させていくことになっていった。

１９２０年代には「学級王国」と呼ばれる状況がつくられていったが、当時この言葉は今日のように教員による学級の閉鎖的・独善的な管理を揶揄するものではなく、学級を一つの理想的な生活集団として捉え、教員を中心にこれをつくっていこうとするためのキャッチフレーズであった。

このように20世紀初頭あたりまでは、学校はそれなりに変化する組織であり、少なくとも社会の変化速度に相応するかたちで展開されてきた。大正期を中心とする大正自由教育やエレン・ケイの『児童の世紀』に触発されて広がった新教育、昭和初期の１９３０年代の生活綴方など、学校独自に展開されていった教育運動も少なくない。

学校はこうしたプロセスを経て、徐々に「知の伝達機関」から「人格形成の場」へとその性格を変化させてきたが、このことは逆に言えば、学校を操作することによって国民の心理を操作できるという発想に、より説得力を与えたであろう。

１９４１年の国民学校令によって、小学校は国民学校へと設置替えされるが、ここにおいて学校は「皇国民の基礎的錬成」を目的とする機関となった。まさに国家によって国民を変えるための機関が国民学校であり、教員もまた変わることが強制されたのである。

「変わらない学校」の設計

時の政府によって自在に操作された戦前の教育の反省の上に立って戦後の教育制度は設計された。戦後の教育制度は民主化を前提とするものであり、これを担保するためには公教育は他の行政組織とは一定程度独立して運営されることが、その条件とされた。

戦後教育行政制度の根幹をなす教育委員会が首長の管轄下の組織ではなく、独立した行政委員会として設置されたのは、政治からの影響を直接受けることのないよう、「安定性」が希求されたからである。

さらに戦後導入された教育委員の公選制もほどなく廃止され、任命制となったので、教育委員は地域の顔色をうかがう必要はなくなり、産業界からの影響も及びにくくなった。つまり戦後の学校という組織は、もともと構造的に内向きになりやすく、また変わりにくいように設計されたのである。

もちろんそれでも政府（当時は文部省）の影響力は大きく働いていたが、その統制ルートはかなり限定されていた。すなわち、学習指導要領を通した教育の内容面と、職制や予算措置を通した学校組織構造面での統制など、間接的な影響力の行使が、文部省による統制のほとんどであり、学校組織の運営に対して与える影響はきわめて限定的であったと言える。

学校現場や教育関係の答申などで、今でもしばしば使われるキャッチフレーズに「不易と流行」という言葉があるが、大体この言葉を持ち出すのは「不易」を強調したいときである。「変わらないものを大切にする」というポリシーが長らく戦後の学校教育政策の大きな柱となってきたのだ。

「変わらない学校」の成功

また、この「変わらない学校」が少なくともある時期までは、相当の成功を収めてきたこともまた事実である。

一定の知識・技能を相対的に少ない数の教員で効率よく伝達し、かつ社会の中で調和的に生きていく態度を教え育てる、という高度経済成長時代に要求された課題に対し、この日本的な学校のあり方は非常に効果的であった。

学校が「子ども」という、論理より感覚によって支配される対象を扱っている以上、ルールや理屈で統制するよりも教室や学校全体で集団を形成し、空気によって児童生徒間に相互規制が働くようにした方がうまくいく、ということは想像に難くない。その方が、教員が児童生徒の行動にいちいち目を光らせていなくともすむし、少ない教員でも効率的に教育活動を遂行することができる。

また、この学校の日本的経営は教職員の労働のあり方とも非常に相性がよかった。稀に例外はあっても、総体としてみれば日本の学校では教職員は安定した雇用が確保され、給与や昇進を意識することはほとんどないだろう。

一人ひとりの教職員の意思は尊重され、たとえ法的に決定権はなくとも会議での話し合いは相当に重視されていた。そして校長も指示・命令によるよりも教職員の心持ちに働きかけることで、学校組織を動かそうとしてきた。

一方で教職員も地域や保護者からの信託に応えるべく、土日の部活動指導や地域行事への参加など、公私の線引きを曖昧にしてでも学校教育に献身し、子どもの全人的成長を支援しようとしてきた。そして、このように安定した組織環境の中で各教職員は主体的に鍛錬を重ね、スキルを向上させてきた。

カミングスの『ニッポンの学校[5]』やローレンの『日本の高校[6]』等の外国人の手による学校のエスノグラフィでは、そうした古きよき日本の学校の効率性と優秀さとが敬意を持って描かれている。

現在でも教員個人の熱意と力量は他国に引けを取ることはないと筆者は考えている。いわゆる学力低下論などで学校を批判する声は多いが、教員1人あたりの児童生徒数が多いのに加え、子どもの生活全体のうちどの程度を学校という存在がカバーしているかを考えてみれば、日本の学校の優秀さはもっと評価されていいのではないか。多くの国で教員の職務は授業がほとんどであるのに比して、日本の教員は部活動から生活指導、心のサポート等、他の国では家庭の責任と切って捨てられがちな成長課題の多くを学校が引き受けている。

さらに、とりわけ日本的経営の強みとされる習熟と鍛錬の積み重ねが必要とされる教育技術の水準はきわめて高い。たとえば平均的な教員の板書技術を他の国と比較してみたらいいだろう。いわゆる教育先進諸国を含め、日本の教員に太刀打ちできる国は世界中どこにもないのではないか？　教員同士のチームワークも得意で、校内で教員同士が授業力を高め合う日本の学校の授業研究（Lesson Study）は、現在では世界中で教員の職能開発の手本とされている。

Ⅲ－3　変われない学校

学校スタイルの転機

このように学校に対する社会的ニーズと日本的組織をベースにした学校運営とが相性抜群であったため、戦後の混乱期を経て１９５０年代半ばに確立された学校運営のモデルは、少なくとも１９８０年代くらいまでは、（ちょっとした政策の小競り合いはあっても）大きく揺らぐことはなかった。

だが欧米諸国に追いつき追い越すことが課題とされた時期を経て、成熟社会の憂鬱が顕在化し始めた１９８０年代になると事情が変わってきた。１９８２年に出された経済審議会長期展望委員会報告『２０００年の日本』によれば、「経済的には工業化、モノ中心の経済から、知識、サービス中心の経済に向かう（経済のソフト化）。こうした中で、消費の個性化、多様化が進む。また、社会的には所得の向上、物質的満足を追い求める段階から、多様な価値観の下に、ゆとり、調和といった面に大きな価値を見出す社会に向かうこととなる[7]」として、社会の成熟化進展の中で「多様化」が、それ以降の日本社会の特徴となるであろうことが指摘されている。

一般には１９８４年に始まる臨時教育審議会（１９８４〜１９８７）が、日本の教育政策の大きな転換点であったとされているが、大体その頃から学校の「日本的経営」の信憑性はあやしくなってきたと見ていいだろう。いじめや不登校、校内暴力など、学校教育の荒れが声高に叫ばれたのもこの頃だ。また、産業構造が変化して単なる生産力の勝負から、付加価値の勝負へと軸足を移すにつれて学校教育への要求も変化してきた。個性尊重、創造性、生涯学習等の必要性が、臨教審で提案されたのはまさにそうした「新たな」教育課題であり、これを実現するための自律的な学校の運営であった。

ところが、この「日本的経営」は一定の知識・スキルや態度を効率的に教えることについては優れている一方で、子どもの多様性をうまく活かしたり、創造性を発揮させたりすることについては分が悪い。そして、これまた日本的な組織の特徴だが、ひとたび成功のモデルができあがるとそこから脱却することは至難の業だ。

日本の教員集団は足並をそろえて課題に取り組むチームワークは得意でも、未来に向けて組織のグランドデザインを描いたり、それまでにつくりあげてきた慣行を脱ぎ捨てたりすることは得意ではなかった。

変わりにくいように設計され、文部省の主導で改善が志向されてきた学校にとって、自律的に改善のできる組織へと転換していくのはなおさら至難の業であった。

変わりたくとも「変われない」学校へ

こうした課題は認識しつつも手立てが定まらない学校運営のあり方に、さらなるメスが入るのがちょうど2000年あたりである。徐々に浸透してきたアカウンタビリティ（結果責任）の考え方に、学力低下の危惧も加わり、教育の成果を組織単位で測定し、投入されている資源との関係で、より効果的な学校運営のあり方を議論すべきだという風潮が高まった。

2000年12月の教育改革国民会議の提案をきっかけに「学校に組織マネジメントの発想を導入」することが提案される。そこで述べられたのが次のような認識である。

学校運営を改善するためには、現行体制のまま校長の権限を強くしても大きな効果は期待できない。学校に組織マネジメントの発想を導入し、校長が独自性とリーダーシップを発揮できるようにする。

ここで言う「組織マネジメント」とは、それまでの学校の経営とはどう違うのか？　理論的な概念としては何も違いはしない。「経営」はもともと明治期にマネジメントの概念が入ってきたときにその訳語として充てられた言葉であるし、日本語で「経営」といえばたいていは組織の経営のことを指す。ただし、それでもなおあえて無理して違う言葉を使ってみせたのは、この「組織マネジメント」という言葉によって、今までの学校運営のあり方との違いを強調して見せたかったからに違いない。

どのような違いかといえば、経営をより単純化して可視化できるようにした、ということだ。その特徴の一つは、学校教育の目標をできるだけ数値で表現することが求められるようになったことであり、もう一つは、とくにそれまで曖昧になりがちであったPDCAサイクルのC（Check＝評価）とA（Action＝改善行動）のプロセスを可視化し公表する方向が明示されたことである。

「組織マネジメント」導入の当然の成り行きとして、とかく抽象的に表現されていた学校の目標が数値に置き換えられていくと同時に、学校評価（教員による学校自己評価と保護者や地域住民等による学校関係者評価）が実施され、改善策とともに公表されるようになった。

さて、それでは果たしてこの学校組織マネジメントの導入によって学校はどのくらいよくなっただろうか？　小・中学校の校長に対する文部科学省の意識調査によれば、この手の取り組みの類例に漏れず、学校評価も学校改善に大きな成果があったことになっている。学校自己評価と学校関係者評価が「教育活動その他の学校運営の組織的・継続的な改善にどの程度効果があったと考えるか」（文部科学省学校評価等実施状況調査、平成26年度間）という問いの結果**（図Ⅲ－Ⅰ）**は、肯定的評価（「大いに効果があった」と「ある程度効果があった」の合計）は「学校自己評価」で94・4％、「学校関係者評価」では91・6％で、ほとんどの学校で評価が改

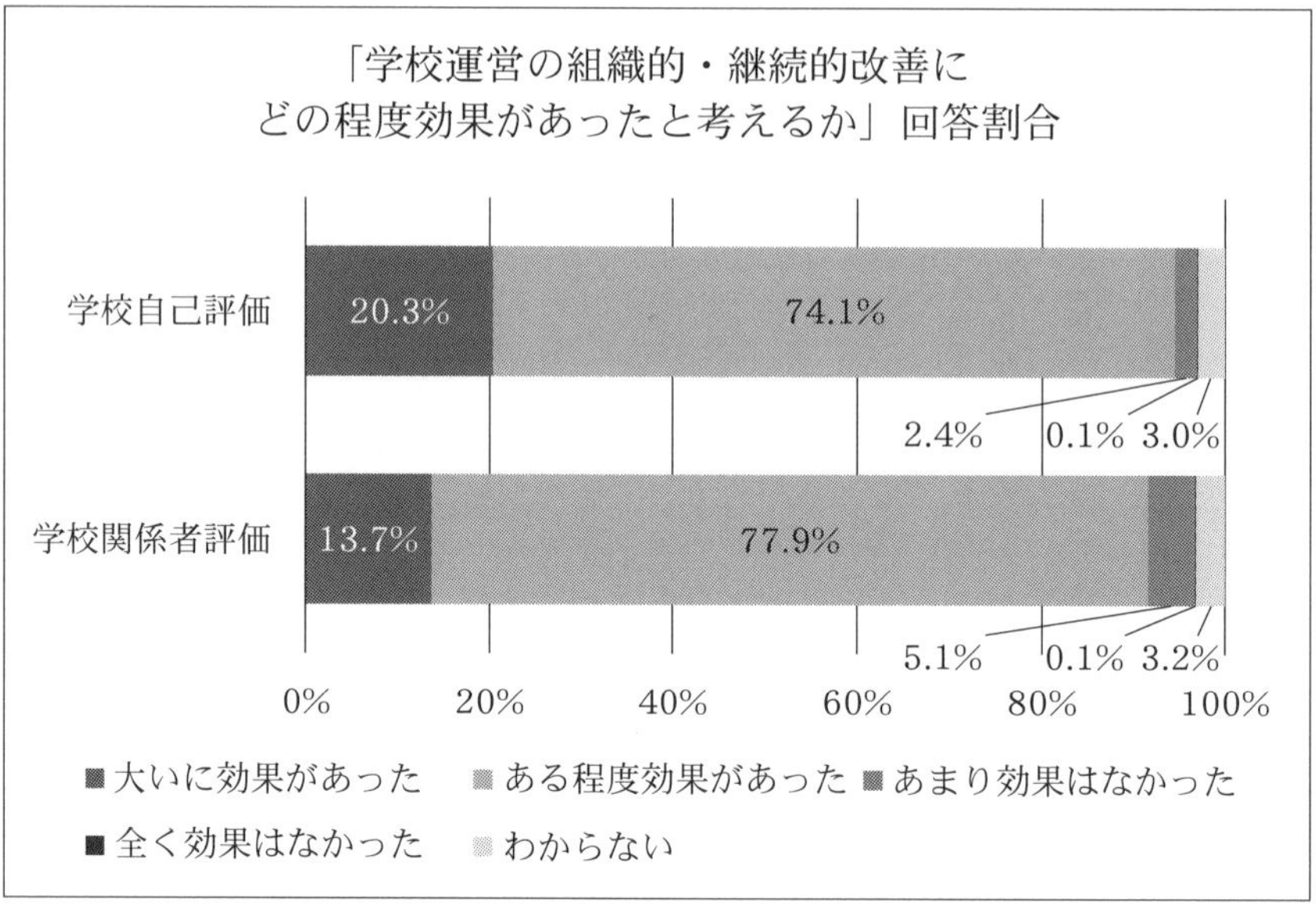

図Ⅲ－1　組織マネジメントの効果に対する意識調査

善に役立っていることになっている。

もしこの数値によって表される実態が本物で、組織的・継続的な改善にほとんどの学校が成功し続けているとすれば、大変望ましいことだ。そうだとすれば、学校評価が導入され始めて、すでに十年を超える年月が経過しているので、現在の学校は以前の学校とは比較にならないほど素晴らしい状態になっているということになる。逆に我々のリアリティがこれと異なっているとすれば、どこかでボタンの掛け違いが起こっていることになる。

もちろん筆者は、学校評価に関してはこのアンケート結果はだいぶ割り引いて理解する必要があると考えている。ある特定の活動に力を注げば、たいていその部分は（程度はともかく）改善されるだろう。しかし教職員の人数と時間の総和がそれほど変わっていない以上、そこに教職員の時間と労力が投入されれば、その分だけ他の活動にしわ寄せがいっているはずだ。

加えて、このPDCAスタイルは学校業務の構造的な問題の見直しにはほとんどつながらない。たとえば多くの学校関係者に現在の学校にとって最も深刻な問題は何かと尋ねれば、大半の人からは「教職員の多忙」という答えがかえってくる。だが、実は組織マネジメントをまじめにやればやるほど、学校は多忙化していく構造から抜け出せなくなるのだ。

というのも、学校評価を行ったとしても、ある活動が「無駄であった」とか「失敗であった」とかいった結論が出ることはないからだ。学校のアンケートでたとえ思わしくない結果が出たときでも、活動の目的そのものを否定することはむずかしいので、その活動をやめるのではなく、改善するためにさらなる手立てを加えていくしかない。

PDCAのA（Action）とは、あくまでも手段を改善するための行動を意味するものであり、“Abolish”（廃止）のAではない。学校が年々多忙化している一因はこんなところにもあるのではないかと筆者は考えている。

努力の臨界

以上のように戦後の学校運営に関する施策を敷衍してみると、学校の抱える構造的問題は認識されてきたし、政策対応もそれなりに行われてきたことを確認することができる。また、学校現場もそれに応えようと努力はしてきた。しかし、こうした従来路線での改善努力も、近年では徐々に臨界に近づきつつあるのではないだろうか。

すでに教員の労働時間は世界一長く、とくに中学校では過労死の一つの基準となる月あたり80時間以上の残業を行っている教員数が半数を超えることも珍しくはない。公立小・中学校教員の精神性疾患による休職者数比率は平成元年あたりには0・1％であったものが、近年では0・6％前後で推移しており、四半世紀で6倍に増加した。全体に占める比率は多くはないように見えるかもしれないが、休職にまで至るのはもうどうにも対応ができなくなってしまった場合だ。そこまでは至らなくとも、実質的に開店休業状態にあったり、心労から学級が受け持てなくなったりしている教員はその何倍もいるはずだ。

加えて「アクティブ・ラーニング」「社会に開かれた教育課程」「小中一貫教育」「コミュニティ・スクール」「特別支援教育」「メディアリテラシー」「カリキュラムマネジメント」等々、今後も課題は増え続けるが、国の台所事情を考えるとき教員が大幅に増員されるとは考えにくい。

社会環境が大きく変動していく中で、組織としての学校だけが変われなければ何か（誰か）を切り捨てていくか、壊れていくかしかない。このままのかたちで今後何十年も現在の学校のかたちが続いていけるとは、ほとんどの学校関係者は考えてはいないだろうが、さりとて活路を見出せている学校や教育委員会は少ないのではないだろうか。

Ⅲ−4　組織論の試み

マネジメントとカルティベイトの橋渡し

以上のように、現在の学校づくりの置かれている苦境の原因は、単に予算と人が足りないことや学校管理職の力量不足だけにあるのではない。それは社会変化のベクトルと学校のあり方を支えてきた構造との歯車のかみ合いが悪くなってきたという、相当に根深い問題だ。そしてこの学校のあり方を支えてきた構造には、良くも悪くも日本の学校特有の場の存在が関係していた。

だから現在の学校が閉塞してきたからといって、単に場の重要性を強調するだけでは、学校組織をさらに保守的にして、スピードを速める社会の動きに対応していくことを、さらに困難にするであろうことは想像に難くない。さりとて逆にマネジメントを強調するのみでは、学校の現実の動きから遊離してしまうことが多いことはこれまで見てきたとおりである。

第Ⅰ部でふれたように、日本の学校が良くも悪くも、場によって動いてきたことを踏まえた上で、場とのうまい「つき合い方」を考えて、学校づくりに場を活かす道を見出すことはできないものかというのが本書の出発点にあった問題意識だ。

実はこの問題意識は、本書だけにユニークなものではない。言葉こそ違え、組織の経営という目的合理的な視点（本書で言うマネジメント感覚）と、思うに任せない組織の土壌を育てていく視点（本書で言うカルティベイト感覚）との間にどう折り合いをつけていくか、という問題は、実は学校づくり論の中では、かたちを変えて繰り返し立ち現れてきたのだ。

より詳細な議論は他稿にゆずるとして[8]、マネジメントとカルティベイトはどのように架橋しうるのか、両者の架橋を試みた、二つの対照的な学校改善モデルを検討することで、先人の努力の痕跡をたどってみたい。一つは場の働きをマネジメントするという視点に立つリーダーシップ論、二つ目は場の働きから組織の変革を引き出そうとする組織改善論である。

文化的リーダーシップ論

一つ目は場を操作の対象として、場も含めてマネジメントすることによって、学校という場をより力動的な性質を持つものへと転化させていこうとするアプローチである。このアプローチの典型的なものは「文化的リーダーシップ論」（Cultural Leadership Theory）と呼ばれる考え方である。デール、ピターソンらによる学校変革論[9]がその最も代表的なものであり、日本でも広く活用されている[10]。

また、表だって文化的リーダーシップとは銘打たずとも、日本や諸外国の多くの学校リーダーシップ開発の実践現場では、そのエッセンスを咀嚼して活用している。たとえば、アメリカで学校のリーダーシップ開発に最も広く活用されているＩＳＬＬＣ（Interstate School Leaders Licensure Consortium, 2015）では、全部で10挙げられている基準のはじめに登場するのが、次の学校の文化的側面への働きかけである。「質の高い教育、学業の成功、一人ひとりの生徒の幸福についての使命感、ビジョン、そして中核的価値を、効果的な教育リーダーは開発し、宣伝し、演じなければならない[11]」。

また、日本教育経営学会が作成している「校長の専門職基準」（２００９）では七つの基準が設定されているが、その基準１が「学校の共有ビジョンの形成と具現化」であり、これを基準２「教育活動の質を高めるための協力体制と風土づくり」、基準３「教職員の職能開発を支える協力体制と風土づくり」が支える構造となっている。

では、これらのリーダーシップ論で働きかける対象とされる「文化」とは何か。学校の文化を検討されるときに最も広く活用されているのが、シャインの複層的な組織文化モデル[12]である。そこでは、学校組織の文化を氷山のように目に見える部分と見え隠れする部分、そして水面下の部分という三つの次元から重層的に捉える（**図Ⅲ－２**）。学校になぞらえて言えば、まず校舎や学校教育計画、校則などの観察可能な「人工物」（Artifacts）、次に常に明示されているわけではないが見え隠れし学校の行動様式を支える、教育観や信念などの「支持される価値」（Espoused Values）、通常自明視されているが組織のあり方を規定する教職員の常識や思い込

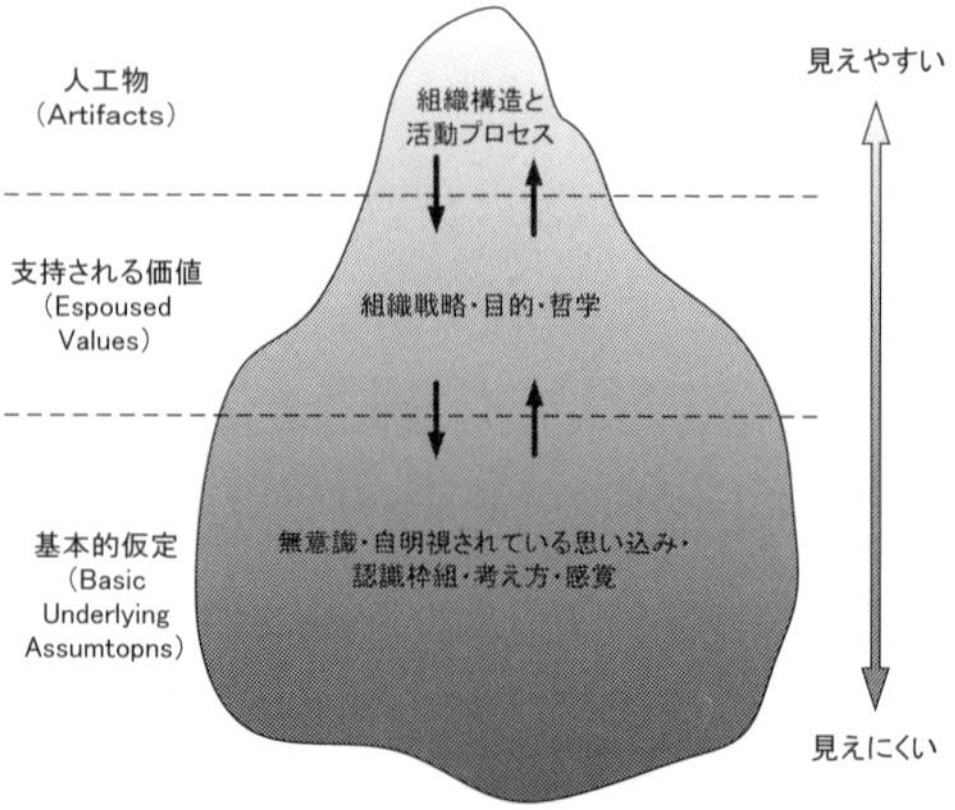

図Ⅲ－２　シャインの組織文化モデル(13)

みなどの「基本的仮定」（Basic Underlying Assumptions）の三つの階層で重層的に構成されるものと考える。

そして、学校の改革のためには、単に「人工物」をいじるだけでは不十分であり、教職員や児童生徒の価値観、ものの見方や考え方までをも含めて変革していくべきであるというのが文化的リーダーシップ論の主張である。組織の「支持される価値」さらには「基本的仮定」に働きかけて組織において自明視されている基本的仮定を変革することこそが、文化的リーダーシップ論のモチーフだ。言うまでもなく、より下に位置する組織の基層的な領域こそ本書で言う場に相当するものであり、その意味で場を強く意識した学校改革論であると言うことができる。

斎藤喜博や東井義雄といった歴史に名を残すような大校長たちは、きっと規律だけで教職員を統制しようとするのではなく、教職員の意識や考え方など、職務に向き合う姿勢そのものをも動かしていったことであろうし、学校に限らず、いわゆるカリスマ経営者と呼ばれるリーダーたちは信念や無意識の仮定までをも感化していく力を持っていたであろう。

ただ、皆がそのようになれるわけではない。そして感化力を持たない普通の人が文化的リーダーシップに頼ろうとするとどうなるか？　場を操作するということは自分自身もその一部である学校組織から、自分自身を意識的にいったん引き離し、その外側に立って組織のあり方に働きかけることを意味する。こうした場を操作するという感覚から出てくるのは次のような言葉だ。

「うちの学校の先生方は、部活には熱心だが授業研究の熱意が足りない。授業のプロとしての自覚を持つべきだ」「我が校では生徒がのびのび活動しているのはよいが、規範意識が育っていない。教員は生徒の模範であることを忘れてはいけない」等々。

すると何が起こるだろう？　従順で自信のない教職員なら校長の指摘に合わせて自分の教育スタイルを修正しようと一所懸命に努力するかもしれない。また、校長の指摘が腑に落ちなければ反発して、かえって自分のスタイルに固執するかもしれない。

しかし、どちらの場合にもこうした校長の働きかけは、場が活かされるのとは逆の方向に働いてしまう。というのも、場が活かされるということは、自分のよって立つ地盤も動き出すということであり、それは自らの意図を超えて組織が変化する可能性をも意味しているからだ。

自分は変わりたくないのに場は自分の意図したように変化しろ、というのは無理な相談だ。

だから、リーダーが自分の理想を実現するために、教職員に対する感化力を発揮しようと躍起になればなるほど、場の「活《い》き」は失われていくことになりかねない。校長が教職員の意識改革を訴えはするが、端から見るとその校長の説教くさい姿勢こそが改革の妨げになっているといった例は枚挙にいとまがない。皆さんの周りにも一人や二人は思い当たる御仁がおられるのではないだろうか?

省察的実践論

二つ目の道は、誰かが強力なリーダーシップを働かせるのではなく、組織内の自発的な省察(Reflection)と相互作用(Interaction)によって場を変容させていこうとするアプローチだ。ショーンやアージリスらの組織学習論[14]を活用した学校改善論はその代表的なものである。文化的リーダーシップ論ではリーダーのあり方に重点があるのに対して、省察的実践モデルにとって学校改革の主役は、一人ひとりの教職員である。

この組織学習論は、教育分野では理論的にも実践的にも注目されてきた。佐藤学氏らの推進する「学びの共同体[15]」の考え方や、福井大学等が核となって推進してきた「実践研究ラウンドテーブル」(6人程度のグループで定期的に行う共同省察の機会)の考え方も、この組織学習論を理論的ベースの一つにしたものである。組織学習論で強調されたのは、組織成員の協同的な省察という相互作用を通してより基層的な領域を発見し、変革していく働きである。組織学習論においては、教員は単なる技術熟達者ではなく、複雑で不確実な領域で専門家モデルとして「省察的実践家」という専門職像を提示している。省察的実践論においては、実践家は「行為の中の知」を持ち、実践にあたっては行為の中の省察を繰り返すと考える。

そして既存の価値に基づいて行うシングル・ループ学習と、既存の価値そのものに対して疑問を提示する変革活動としてのダブル・ループ学習を弁別し、とりわけ改革の場面においては、前者から後者への移行の重要性を強調するのが組織学習論の基本的なモチーフである。学校の現象を例にとって言えばそれは、「児童生徒のテスト成績を上げるにはどうしたらいいか」「遅刻を減らすにはどうしたらいいか」といった問題を繰り返し問う日常的なシングル・ループ学習をきっかけに、「本当に児童生徒につけるべき学力とは何か」「なぜ学校に来なければならないのか」といったより根源的な問いかけに遡及するプロセスを通して、組織が根本的に変革されていくことを主張するものである。

「ハイパー日本的経営」が幅をきかせている日本の学校では、省察的実践は共感を呼びやすいためか、授業や生徒指導のあり方について数多く実践が積み重ねられてきており、実際にそれで授業改善が進んだという話もしばしば耳にする。

問題は、学校教育計画や分掌組織のあり方など、学校を成り立たせている仕組みの多くが一般の教論の日々の教育実践からは「死角」となりやすいという点だ。組織学習論では当然ながら、問題意識が共有化されているテーマについては学習が行われるが、組織の中で自明視されている仮定については、放っておけば組織の学習は及びにくい。シングル・ループ学習からダブル・ループ学習への移行は、集団が自発的に関心を向け、深化を志向する方向にしか通常は進まない。

だから組織学習による学校改善においては「鍛錬は得意だが戦略性に乏しく、ゲームのルールの変更に対応できない」という日本的組織の欠点をそのまま引きずりやすい。実際に、校内での共同省察を校内研修等に取り入れている学校はけっこうあるが、そこから学校運営のあり方や教育行政、教員養成の仕組みに対して積極的な提言が出てきた、という話を筆者は聞いたことがない。

さらに教職員の大多数が省察的実践自体への意欲が低い場合には省察的実践モデルではどうしようもない。「学びの共同体」にとって、教職員の学びへの意欲は自発的に生まれるものであって外部から強制されるものではないため、外部から強い規制力を働かせることはその理念と矛盾する。学校の教職員は高い研修意欲を持つべきだが、実際問題としてそうではなかったときには、リーダーは現実と理想の狭間でひたすらやきもきすることになる。

架橋しないという選択

以上のように、マネジメントとカルティベイトを架橋する努力は行われてきたのだが、筆者の目には必ずしもそれらの試みが成功しているようには見えない。その背後には、第Ⅰ部で述べたように「場を思いどおりにしようとしたら場は「活《い》き」を失うし、場に従おうとすれば主体が創造性を失う」という「場のパラドクス」の難問が介在しているためである。

第Ⅰ部で述べたように場を活かすということは、自分の知らないもの、動きの読めないものを積極的に使っていこうという視点に立っており、行為者のあり方は、場への洞察と立ち現れた環境にゆだねられている。だからそれは、本質的にアンチ・モデルの発想を含んでいるということになる。一方でマネジメントの働きは一定の型を前提として、これを追求していくというモデリングへの志向性を抜きにしては考えられない。だから両者の理論的架橋はこれからもそう簡単には実現できないだろう。

ただ、包括理論がつくれないからといって、両者のコラボレーションをあきらめる必要はない。

ずるいと言われるかもしれないが、実はきわめて現実的な解決策があるのだ。マネジメントの働きとカルティベイトの働きの両者を架橋するような包括理論をつくることは当面括弧に入れて、その時々に最適な組み合わせを発見し続ければいいのである。

現実の場面では、マネジメントとカルティベイトの両者は矛盾することもあるが、相互補完的に働く場合もある。たとえ偶然の産物であっても、チャンスはできる限り活かしていこうという空気が生まれるのは、マネジメントの働きがある程度浸透して組織成員たちが課題と目標を認識しているときであり、現状に満足しきった組織からは新しいものは何も生まれない。また、学校マネジメントを透徹させていこうとすれば、教職員のやる気を集団的に高める必要があり、そのためには場の働きを借りることが不可欠なはずだ。

現実の学校づくりの中では、その働きは具体的に立ち現れてくるので、その場面に応じていいとこ取りをして組み合わせていけばいいのである。実際、たいていの学校のリーダーたちは多かれ少なかれマネジメントとカルティベイト双方の働きかけを行っているに違いない。ただし、矛盾を覚悟してその両者の働きを活用していこうとするのと、なんとなく両者が同居しているのとは違う。学校づくりのプロセスの中ではマネジメントとカルティベイトが矛盾しつつも同居していることに自覚的になれば、両者の矛盾にうまく対処したり、それらの果実をうまく組み合わせたりするための術も意識的に磨くことができる。

換言すれば、自己の二重性を二重性として自覚する統合的な視点が必要なのだ。第I部では、本書で言う「ならず者」とは、より正確には「自称ならず者」であると述べたが、この「自称」のためには、自分を外から見て「ならず者」であることを認識する「離見の見」を持たなければならない。

矛盾を背負って開き直れば可能性は大きく広がる。

本書がこれまでの学校づくり論に何かを加えたとすればこの一点だ。

Ⅲ－5　学校の「経営」再論

残された問題

さて、ここまで述べてきたことを跡づけてみよう。

戦後日本の学校は場の存在を強く意識してきた。その背景には、場によって成立し、動かされていく「日本的経営」のあり方が絡んでいる。日本の学校は、まさに場の存在を利用することによって発展してきたし、その結果として相応の成功を収めてきた。

だが、学校に求められる学力が、一定のスキルの習得から創造的な力量へと重点がシフトしてきた過程で、学校の日本的経営は徐々に分が悪くなってきた。場に支配される日本的経営の弱点が裏目に出て、組織で活動する主体が場を相対化してそこから距離をとることがむずかしくなり、ニーズの変化に対応するための機動力を、組織的に発揮することがむずかしくなってしまったのだ。そして学校は社会の動きから相対的に独立しており、文部（科学）省－教育委員会－学校というラインで動くようにデザインされていたために外側からの変革圧力も及びにくかった。

こうした膠着状況を行政も察知して、学校の「組織マネジメント」が政策的に導入された。しかし、たいていの学校では組織マネジメントを構成する諸活動は、学校の日常とは分離されたかたちで進められている。

いくつかの学校組織改革論では、こうした場の働きを意識して、これとマネジメントの働きとを架橋しようとしてきた。だが、その試みは必ずしも成功しているとは言い切れない。

このように政策と研究の双方で問題を自覚し取り組んできたにもかかわらず、思いどおりの成果が上がらなかったのは、その行く手に「場を思いどおりにしようとしたら場は『活《い》き』を失うし、場に従えば主体が創造性を失う」という「場のパラドクス」の障壁が立ちはだかっていたからだ。

「分身の術」を使ってこの障壁をすり抜けることができるのが、自らの中に二重性を持つことを自覚して働きかけを行う「ならず者」である。組織内異分子である「ならず者」は場の中にありながらも場に染まりきっていないがゆえに、現状の場の支配から距離を置いてそこに働きかけていくことができる。二つの仮面を持ち、それらを使い分けることで、自らも場に埋め込まれていることを自覚しながらも、そこに働きかけるカルティベイトを行うことができるし、また、場から生まれた可能性の種子をマネジメントのプロセスに活かしていくこともできるはずだ。

第Ⅱ部では、そうした働きかけを試みる人のためのヒントについて述べてきた。これらの技法はいずれも真新しいものではなく、多くのスクールリーダーたちが実際にそれとなくやっているものであったはずだ。しかしこれら学校づくりの技はいずれも、組織マネジメントの主張が普遍化されていく中で、日の目を見ることが少なくなったものであり、だからこそそれらをここで概念化してみたのだ。そしてこれからも、教師たちは学校を舞台に場の存在を意識化し、カルティベイトとマネジメントの両義性を意識することで、さらに様々な技を発達させていくことができるだろう。

だが、場を活かすことを心がければ、それだけで本当に学校は変わっていくのか。これらの技を駆使して、カルティベイトを試みていったとしても、結局は業務の工夫や断片的な変化に終始し、学校という組織全体の変革にはつながっていかないのではないか？　という疑問を持たれた方もいるのではないだろうか。

そのとおりだ。カルティベイトとマネジメントとが予定調和的に結合すると限らない以上、両者のコラボレーションはどこまでも可能性でしかない。場を活用するための個々の技を紹介することはできるが、それをどこでどう使うかについては、行為する主体とその置かれた状況にゆだねられている。

だがすでに述べたように、不確かなことを承知で前に進むのが「ならず者」だ。理論的に答えを導けない課題の存在を知りながら、それらに現場で答えを出していくところにこそスクールリーダーの専門性があると言えるのではないだろうか。

では、こうしたリーダーの専門性の再定義を前提としたとき、場の視点を取り入れることで、学校づくりという営みはどのように捉え直されるのか、そのイメージをつくっておくことは無駄ではなかろう。次に場を活かした学校づくり論の輪郭を素描してみたい。

「経営」とは……建物を建てること

本書ではここまで意図的に使用を避けてきた言葉がある。「学校経営」がそれだ。この言葉を避けてきたのは、この考え方に古くささや胡散臭さを感じているからではない。それとは逆に経営のイメージを、本書で論じてきた場の考え方を取り入れることでもっと生産的なものにできると思ってとっておいたのだ。

「経営」を辞書で引くと、その原義は「なわばりをして土地を測り家を建てる」(三省堂『国語中辞典』)であったようだ。もともとは建物を建てるという意味で使われていた「経営」という言葉が時代を経て語法を拡大し、欧米からマネジメントの概念が輸入されたときにその訳語としてこの言葉が充てられ、現在のように「継続的・計画的に事業を遂行する」という意味になったと言われる。

この原義を最初に見たときには、筆者はなんとも奇妙な巡り合わせだと感じたのを覚えている。しかし、教育行政や学校づくりに様々な機会を通して関係するようになり、教職員や大学生たちに学校経営について教える経験を重ねていくにつれて、この考え方がだんだんしっくり

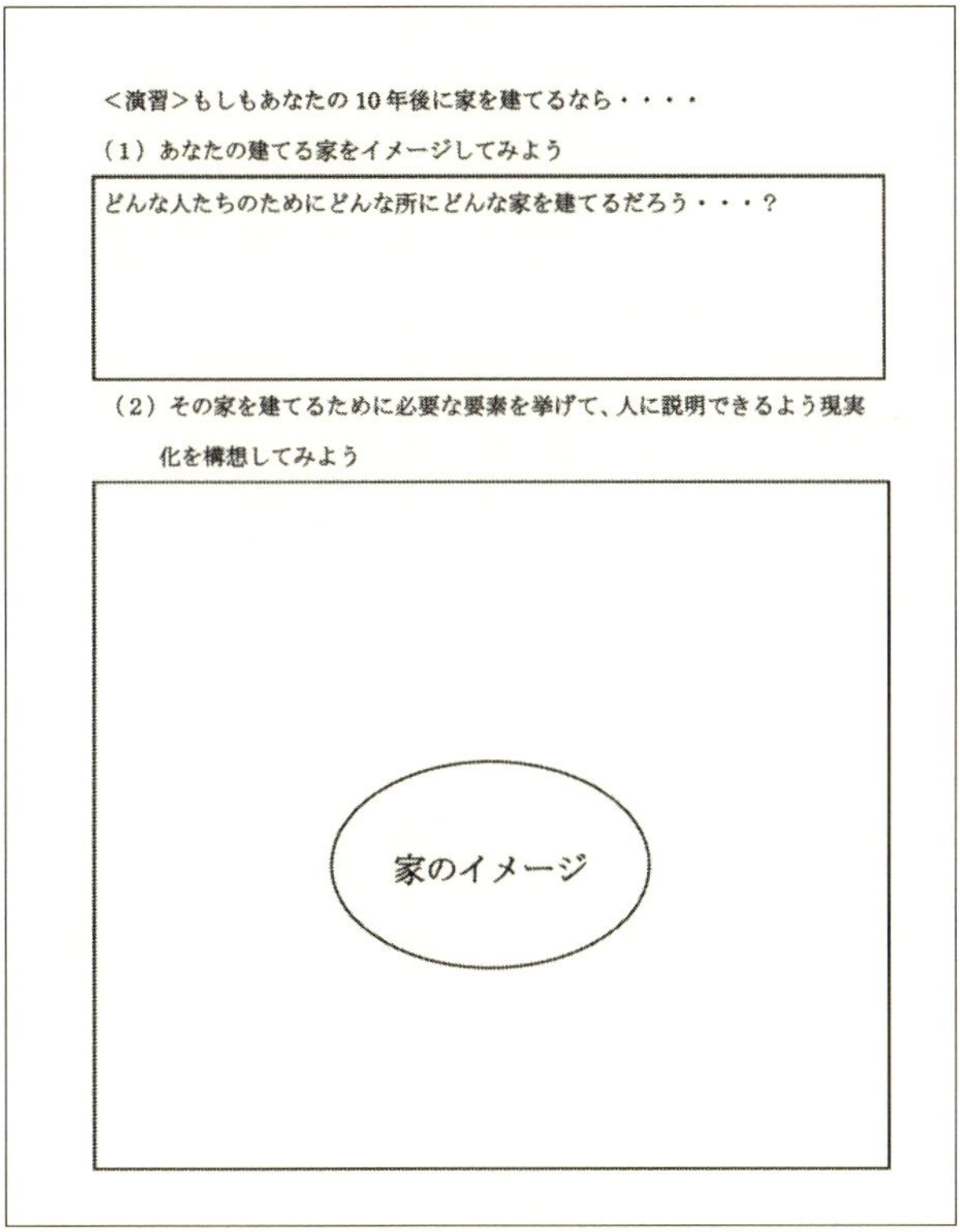
＜演習＞もしもあなたの10年後に家を建てるなら・・・・
（1）あなたの建てる家をイメージしてみよう
どんな人たちのためにどんな所にどんな家を建てるだろう・・・？
（2）その家を建てるために必要な要素を挙げて、人に説明できるよう現実化を構想してみよう
家のイメージ

図Ⅲ－3　経営の発想　演習シート

とくるようになってきた。

現在では、著者は「経営」の考え方の基本を教えるには、この「建物を建てること」という原義に立ち返ることが一番だと思っている。この方がゴタゴタと定義を並べて説明するよりも、ずっと直感的に分かりやすく、かつ実践的だ。

筆者が研修や大学の授業などで学校経営の考え方を伝えるときに、いつも最初に行う演習は、**図Ⅲ－3**のようなシートを使って自分の家を建てる

ことをイメージして、その手立てを考えてみようというものだ。

自分の建てたい家について貧弱なイメージしか持っていない若手学生の場合は、その構想表現は「お金を貯める」「住宅展示場にモデルハウスを見に行く」「〇〇ハウスにお願いする」といった単純な答えになりがちだ。

だが、マイホームづくりに苦心した経験のある世代は、考えるべき要素ははるかに多いことを知っている。限られた条件の中で、少しでも生活を豊かにする家を建てようと思ったら大変だ。自己資金はどのくらいあるか、ローンの組み方はどうするか、立地はどうなっているか、土地をどのように使うか、設計は誰に頼むか、素材は何を使うか、外観をどうするか、工法はどうするか、大工はどのように見つけるか等々。そしてこれらの情報をどこでどのように集めるかといった、経営資源の４Ｍ（人、金、モノ、ノウハウ・情報）と呼ばれる諸要素を中心とした様々な要素を複雑に絡み合わせながら考えないと、説得力のある構想はつくることができないということは、実際に家を建てようとしてみたことのある人は経験的に知っている。

ただし、これら個別の要素をすべて満たしたとしても、それだけでは不十分だ。現実味があり、かつ夢のある構想をつくるためには、それらの要素を有機的に関連づけるイメージづくりが必要になる。「自分の望む住み処はどんなところなのか」「一体そこでどのような生活をしたいのか」といった完成のイメージをつくりながら、与えられた個々の条件を調整し、より具体的な計画へと建築プロセスを練り上げていくことで、はじめて構想にリアリティが与えられる。

このイメージが一般に「経営ビジョン」と言われるものだ。そしてこのイメージによってこそ、妥協すべき点とゆずれない点が明瞭になって、個々の要素間の調整もできるはずだ。

筆者が学校経営の基本を伝える際には、大体このような思考トレーニングをしてみるのだが、都合のいいことに「学校教育目標」「環境分析」「経営ビジョン」「ＰＤＣＡ」「経営資源」など、学校経営に必要な基本的な概念や考え方は、ほぼすべてこの思考トレーニング中に包摂させて説明することができる。

規格品のない学校の経営

経営を「建物を建てる」ことと考えるならば、完成イメージを中核に様々な必要条件を挙げた上で、プロセスを構造化して目的を実現していく、これがマネジメントの発想の基本をなす考え方だ。この考え方に立つならば、完成するイメージを明確に持つほどに、そして完成に至るまでのプロセスが緻密に計画されているほどに、完成品としての家の精度は高まるはずである。

ただしこの発想だけで、学校づくりがうまくできあがるとは考えにくい。というのも、学校教育という建物には、教室や教材などのハード面をのぞいて、規格化されたパーツがほとんどないからだ。とりわけ学校の営みを成り立たせるのに決定的に重要な要素である「人」について規格化することは非常に困難だ。規格どおりの教職員や児童生徒などというものはどこにも存在しない。

これら規格外の要素を活かすためには、少しずつ働きかけてその顕れを見つけ、状況に応じて活かしていく場の発想が必要となる。実際に昔の家はそのようにして建てられていたはずだ。古民家などの屋根裏を覗くと梁には好んで曲がった木が使われているが、曲がり木を使って家を組み立てようと思えば、木を切り倒してしばらくは放置しておいてくせを見きわめ、暴れが落ち着いたところでそれに合うように他の部材の長さや接合部の角度を少しずつ調整していくしかない。

このように変化を紡ぎ出す空間のことを、本書では「場」と呼んできた。建築にあえて曲がり木を使うのは、まっすぐの材が手に入らなかったからではなく、曲がった木の方が材木に対して横からかかる力への抵抗力が強いからだ。

経営と「場」

世界最古の木造建築である法隆寺西院伽藍のひのき柱の長さは数センチの単位で異なっているというのはよく知られた話だが、このことは当時の大工たちにとって、建物の設計に忠実であることが規範になっていたわけではなかった、ということを意味している。個々の材に出てきたくせをうまく生かせば、設計どおりに建てられた建物よりも強くておもしろい建物を建てることができる。場の発想を使えば建築でも教育でも規格品をはるかに凌駕する可能性がある。

最後の法隆寺大工の棟梁と言われた西岡常一氏が紹介している宮大工たちの口伝(16)は、筆者の考える限り、場を活かした経営の本質を最もよく表しているものだ。

棟組みは木組み
木組みは木のくせ組み
木のくせ組みは人組み
人組みは人の心組み

至言ではないだろうか。木という素材の力を最大限に引き出すためには、それぞれの木が持っている規格にははまらない素性を最大限に活かす必要がある。しかし単に素性を活かすだけでは不十分で、さらにそれらを組み合わせることで個々の個体の持つ力を超えた力を発揮する。熟練した大工でも予想のしきれない木の動きやくせを活かすには、少しずつ働きかけてそのくせを見きわめていかなければならない。

だがその人間の方もまた、くせのある存在だ。だから人間同士が力を合わせられるかどうかは、心を通わせながらそれぞれの持ち味を微妙に組み合わせて場をつくりあげていく働きにかかっている。そこからうみだされた作品は、長さもかたちも均質ではない柱が、それぞれの部材の持ち味を発揮し合い、全体としてバランスをとることによって成立している。こうして法隆寺の建物は千年以上もの歳月に耐えてきた。

教職員、子ども、保護者、授業方法など学校の経営を構成する主要な要素は、いずれも個別性が高く強いくせがあるので、それらをうまく組み合わせてこそ強い組織は生まれるのではないだろうか。そのためには、そこにかかわる人の思いを通い合わせて学校という組織の中に新たな芽を出させていく働きが鍵になるはずだ。

そしてここにはもう一つ、場を活かした経営についての重要なヒントがある。それは大工にとって絶対的な存在であるはずの棟梁も、「範」を示す存在として描かれていないということである。職人たちに指示し、命令し、どなるが、経営の成否は自らの力を超えた場の働きにゆだねられていることを知っている。本書の言うところの「ならず者」だ。

〈注〉

(1) 山本七平『「空気」の研究』文藝春秋、１９８３年
(2) 戸部良一、寺元義也、鎌田伸一、杉之尾孝生、村井友秀、野中郁次郎『失敗の本質　日本軍の組織論的研究』ダイヤモンド社、１９８４年
(3) ウィリアム・G・オオウチ『セオリーZ　日本に学び、日本を超える』CBS・ソニー出版、１９８１年
(4) J・アベグレン『日本の経営』ダイヤモンド社、１９５８年
(5) ウィリアム　K．カミングス『ニッポンの学校　観察してわかったその優秀性』サイマル出版会、１９８１年
(6) トーマス・ローレン『日本の高校　成功と代償』サイマル出版会、１９８８年
(7) 経済企画庁『２０００年の日本　国際化、高齢化、成熟化に備えて』大蔵省印刷局、１９８２年
(8) 武井敦史「『場』と『力』で考える学校組織論」佐古秀一、曽余田浩史、武井敦史『学校づくりの組織論』学文社、２０１１年
(9) T．E．デール、K．D．ピターソン『学校文化を創るスクールリーダー―学校改善をめざして―』風間書房、２００２年、等
(10) 中留武昭『学校文化を創る校長のリーダーシップ―学校改善への道―』エイデル研究所、１９９８年、等
(11) National Policy Board for Educational Administration, *Professional Standards for Educational Leaders 2015, 2015.*
(12) Shein, Edgar H., *Organizational Culture and Leadership:A Dynamic View*, Jossey Bass, 1985.
(13) (12)を基に筆者が作成
(14) Chris Argyris,& Donald A. Schön, *Organizational Learning:A Theory of Action Perspective*, Addison-Wesley, 1978.
(15) 佐藤学『教師というアポリア　反省的実践へ』世織書房、１９９８年、等
(16) 西岡常一、小原二郎『法隆寺を支えた木』ＮＨＫ出版、１９７８年

おわりに――「ならず者」の受難

本書をここまでお読みいただいた方は感じられたであろうが、実は学校という場の中で「ならず者」になることはそう容易いことではない。「ならず者」になるのに特別な人格や才能が必要なわけではないが、実際に自らの二重性を自覚しつつ行動することはそれなりに覚悟がいることで、まじめで実直な教師を演じるよりも、むしろ大変なことかもしれない。

というのも、「ならず者」であることは、不安定な環境に自らを置かなければならないことを意味するからだ。学校は公教育の場である以上、教師は人に正論や理想を語らなければならないはずだが、そういうきれい事を言う自分自身をも心のどこかでは疑い続ける、というのは骨の折れることかもしれない。後ろめたさと孤独は常についてまわる。そして、その結果として周囲から感謝され、賞賛を浴びるならまだしも、その逆になる可能性の方が高い。

だが読者諸氏の周囲にもいるかもしれない「この人は学校を変えた」と思える方々を思い浮かべてみてほしい。よほどの人格者でもなければ本書で言う「ならず者」の側面をどこかに持っているはずだ。本書の出発点は、筆者の目にしてきた実際に学校づくりに力を発揮してきた方々の立ち居振る舞いと、いわゆるリーダーシップ論で語られる抽象的なリーダー像との間にギャップを感じていたところにある。彼らだって心のどこかで悩んでいないはずはない。彼らはきっと、子どものためになら悪役も引き受ける「心やさしきならず者」なのだ。

ただ、こうした「出る杭」となる教師は生きづらい時代になった。教職員の行動の端々にまでコンプライアンスとエビデンスが求められ、根拠のうまく説明できないようなことは、試すことさえしにくくなっているのが今日の学校現場だ。そして世間様の監視の目が光っているので、滅多なことをすれば足下をすくわれる。一度川に落ちたらレッテルを貼られ、それがずっとついて回る。

このような環境下では、「下手な気を起こさない」ことが組織人としての合理的な振る舞い方である。誰もが現行の仕組みに疑問を抱かなくなれば、教育という営みのシステム化が進行し、大学の教員養成カリキュラムから管理職研修に至るまで、公教育の改善は「立派な社会人」を育てるための生産ラインを整備する働きとなっていく。なんとも味気ない言い方だが、世界の公教育の趨勢は実際にこの方向に向かっている。

本書で述べようとしてきたのは、このようにシステム化されていく教育のあり方が時代の趨勢であるとは知りつつも、そうした流れにささやかな反抗を試みる挑戦者のための、亜流の改革論である。

だが、亜流があってこそ本流は本流たり得る。「ならず者」教師がいればこそ、まっとうな教師も救われて、学校という空間の風通しも少しはよくなるというものではないだろうか。

そんなふうに感じてもらえたなら本書の試みは成功だ。

武井敦史

武井　敦史（たけい・あつし）

静岡大学大学院教授

1968年神奈川県生まれ。博士（教育学）。専門は学校経営学、学校組織論。

筑波大学人間学類卒業、同大学院教育学研究科単位取得退学。日本学術研究会特別研究員、兵庫教育大学講師・准教授、米国サンディエゴ大学、リッチモンド大学客員研究員、静岡大学准教授等を経て、現在静岡大学大学院教授。

著書に『クリシュナムルティ・スクールの民族誌的研究』（多賀出版）、『学校づくりの組織論』（共編著・学文社）、『学校組織調査法』（共編著・学事出版）等多数。

「ならず者」が学校を変える

場を活かした学校づくりのすすめ

2017年5月10日　初版第1刷発行

著者	武井　敦史
発行人	福山　孝弘
発行所	（株）教育開発研究所
	〒113-0033　東京都文京区本郷2-15-13
	TEL　(03) 3815-7041（代）
	FAX　(03) 3816-2488
	URL　http://www.kyouiku-kaihatu.co.jp/
	E-mail　sales@kyouiku-kaihatu.co.jp
装釘	クリエイティブ・コンセプト（江森　恵子）
印刷・製本所	中央精版印刷株式会社

ISBN978-4-87380-483-5　C3037